MINISTÈRE DU COMMERCE, DE L'INDUSTRIE

DES POSTES ET DES TÉLÉGRAPHES

EXPOSITION UNIVERSELLE INTERNATIONALE DE 1900

A PARIS

RAPPORTS
DU JURY INTERNATIONAL

**Classe 14. — Cartes et appareils de géographie
et de cosmographie. — Topographie**

RAPPORT DE M. GABRIEL HÉRAUD
DIRECTEUR D'HYDROGRAPHIE DE LA MARINE

PARIS

IMPRIMERIE NATIONALE

MCMI

RAPPORTS DU JURY INTERNATIONAL

DE

L'EXPOSITION UNIVERSELLE DE 1900

MINISTÈRE DU COMMERCE, DE L'INDUSTRIE
DES POSTES ET DES TÉLÉGRAPHES

EXPOSITION UNIVERSELLE INTERNATIONALE DE 1900
À PARIS

RAPPORTS
DU JURY INTERNATIONAL

Classe 14. — Cartes et appareils de géographie et de cosmographie. — Topographie

RAPPORT DE M. GABRIEL HÉRAUD
DIRECTEUR D'HYDROGRAPHIE DE LA MARINE

PARIS

IMPRIMERIE NATIONALE

M CMI

CLASSE 14

Cartes et appareils de géographie et de cosmographie
Topographie

RAPPORT DU JURY INTERNATIONAL

PAR

M. G. HÉRAUD

DIRECTEUR D'HYDROGRAPHIE DE LA MARINE

IMPRIMERIE NATIONALE.

COMPOSITION DU JURY.

BUREAU.

MM. Bouquet de la Grye (Jean-Jacques-Anatole), membre de l'Institut et du Bureau des longitudes, ingénieur hydrographe en chef de la Marine, en retraite, (comités, Paris 1889; vice-président des comités, Paris 1900), *président*. . France.

Held (le major), premier topographe du Bureau topographique fédéral, à Berne, *vice-président*. . . . . Suisse.

Héraud (Gabriel), directeur d'hydrographie de la Marine, (comité d'admission, Paris 1900), *rapporteur*. . . . . France.

Guy (Camille), chef du Service géographique et des missions au Ministère des Colonies (comité d'admission, Paris 1900), *secrétaire*. . . . . France.

JURÉS TITULAIRES FRANÇAIS.

Berthaut (le colonel Henri), colonel d'infanterie hors cadre breveté, chef de la section de cartographie du Service géographique de l'armée (président des comités de la classe 119, Paris 1900). . . . . France.

Bonaparte (le prince Roland), président de la Commission centrale de la Société de géographie (comités, Paris 1900). . . . . France.

Delagrave (Charles), libraire-éditeur (comités, Paris 1878; comité, jury, Paris 1889; comités, Paris 1900). . . . . France.

Lallemand (Charles), ingénieur en chef des mines, membre du Bureau des longitudes, directeur du Service du nivellement général de la France (comité d'admission, Paris 1900). . . . . France.

JURÉS TITULAIRES ÉTRANGERS.

Wendt, conseiller intime, directeur de l'Imprimerie impériale à Berlin. . . . . . Allemagne.

Schrader (Franz), commissaire général d'Andorre à l'Exposition de 1900. . . Andorre.

Valdes (Rodrigo), colonel de l'État-Major de l'armée mexicaine. . . . . Mexique.

Rykatcheff (Michel), général directeur de l'Observatoire physique central de Saint-Nicolas à Saint-Pétersbourg, membre de l'Académie impériale des sciences. . . . . Russie.

JURÉ SUPPLÉANT FRANÇAIS.

Gauthiot (Charles), membre des Conseils supérieurs des colonies et de statistique, secrétaire général de la Société de géographie commerciale (comités, Paris 1889; comités d'admission, Paris 1900). France.

CARTES ET APPAREILS
DE GÉOGRAPHIE ET DE COSMOGRAPHIE.
TOPOGRAPHIE.

AVANT-PROPOS.

Le Jury de la Classe 14 a consacré, du 1ᵉʳ juin au 9 juillet, une vingtaine de séances à l'examen des objets exposés. Un grand nombre d'entre eux, on peut même dire le plus grand nombre, ne figuraient pas dans les locaux affectés à la classe et faisant partie du Palais des lettres, sciences et arts au Champ de Mars. La dispersion était extrême, et le Jury, soit au complet, soit en se divisant en délégations, a dû parcourir toutes les parties de l'Exposition, les Invalides, les Palais des Nations, le Champ de Mars, le Trocadéro, le pavillon de la Ville de Paris. Le rapporteur qui, personnellement, a visité, plus ou moins complètement, toutes les productions se rattachant à la géographie, a constaté que leur nombre était très considérable et si on avait compris dans la Classe 14, comme cela a pu se faire autrefois, les cartes géologiques, agronomiques, forestières, météorologiques et statistiques, les cartes et plans d'études des grands travaux publics, enfin tous les objets destinés à l'enseignement de la géographie, on se serait trouvé en présence d'un ensemble qui aurait suffi à constituer une exposition spéciale très complète et susceptible d'être divisée en plusieurs sections. La Classe 14 n'a compris effectivement que la moindre partie des productions géographiques exposées, et d'ailleurs la géographie s'est trouvée répartie entre deux classes par suite de la création, dans le Groupe XVIII, *Armées de terre et de mer*, de la Classe 119 comprenant la géographie militaire et l'hydrographie, c'est-à-dire les travaux exécutés par les services géographiques et hydrographiques des divers États.

La Classe 14, dans laquelle la géographie officielle française comptait, parmi les services publics, le service géographique de l'Armée et le service hydrographique de la Marine, également représentés dans la Classe 119, a vu figurer les mêmes services ou l'un d'eux de la Grande-Bretagne, de la Norvège, des Pays-Bas, du Portugal, tandis que les États-Unis, la Roumanie, la Russie avaient réservé à la Classe 119 leurs travaux officiels de cartographie militaire ou maritime.

Il résulte de ce qui précède que le présent rapport, limité aux objets qui sont inscrits au catalogue de la Classe 14 et à ceux des autres classes que les exposants ont signalés à l'attention du Jury, sera forcément incomplet.

Nous ne pensons pas, cependant, devoir nous abstenir de mentionner les œuvres intéressantes qui auront été jugées par les jurys des autres classes.

Telles sont les cartes géologiques exposées dans le Palais de la métallurgie, en particulier celles de la France, à côté desquelles figuraient les travaux du service de topographie souterraine, celles de la Belgique, de l'Italie, du Japon et de divers autres pays.

Au Génie civil, dans les expositions des ports de commerce, nous avons pu voir les documents topographiques et hydrographiques d'un haut intérêt qui servent de base aux études des grands travaux publics, à terre et à la mer. Dans la section française, les cartes du Ministère des Travaux publics, l'Atlas des ports de France retenaient l'attention. Le Palais des forêts renfermait une riche collection de cartes forestières. Dans la classe de l'agronomie figuraient un grand nombre de cartes agricoles, d'études pour l'aménagement des eaux. Enfin, dans les diverses classes de l'enseignement, on trouvait un très grand nombre d'œuvres géographiques.

Nous nous bornerons à signaler les plus importantes des productions exposées en dehors de la Classe 14, en constatant qu'elles montrent, comme celles dont nous allons rendre compte, un progrès continu dans l'étude du globe au point de vue des formes et du relief de ses continents, de sa constitution géologique, des phénomènes physiques dont il est le théâtre, et des faits que retient la statistique.

Le temps nous ferait défaut pour exposer, avec l'ampleur que comporte le sujet, l'état actuel de la science géographique et de ses applications, et nous nous renfermerons dans les devoirs plus modestes de rapporteur de la Classe 14.

Les productions géographiques et spécialement les cartes, qui sont les plus importantes d'entre elles, sont le résultat des efforts de diverses catégories de travailleurs qui peuvent être classés, comme il suit, dans l'ordre où ils interviennent.

1° Les GÉOGRAPHES. — Nous désignerons ainsi les voyageurs et explorateurs qui donnent les premiers renseignements sur les pays nouvellement découverts, les géodésiens, topographes et hydrographes, dont les opérations fournissent la représentation exacte des pays déjà connus; les cartographes qui groupent les renseignements recueillis par les voyageurs et opérateurs divers et qui dressent les cartes; enfin, à côté des cartographes, les savants qui étudient et rapprochent les données puisées à toutes les sources anciennes et contemporaines, décrivent les différentes parties du globe au point de vue physique, ethnographique, politique et rendent compte des vicissitudes diverses que ces pays ont éprouvées. Ces derniers sont les géographes proprement dits; mais nous donnerons ce nom général à tous ceux qui font une œuvre personnelle et créent en quelque sorte la matière première des productions géographiques, dont la publication exige le concours des deux autres catégories.

2° Les ÉDITEURS qui entreprennent et dirigent la publication des cartes, globes et ouvrages et qui, d'ailleurs, encouragent les géographes et prennent souvent l'initiative de leurs travaux.

3° Les GRAVEURS qui exécutent les reproductions, et les IMPRIMEURS qui en assurent et en perfectionnent le tirage.

C'est dans cet ordre qu'il nous semble logique de rendre compte des productions exposées. Comme les services publics et certaines collectivités importantes, les sociétés de géographie principalement, fournissent, soit directement, soit comme résultat de leurs encouragements, les données premières des travaux géographiques et en assurent la publication; c'est par ces services et collectivités que nous commencerons. Cette classification n'a d'ailleurs de raison d'être que dans la section française qui, seule, comprend, pour chacune des catégories que nous avons énumérées, un nombre assez grand d'exposants.

SECTION FRANÇAISE.

SERVICES PUBLICS.

GRANDS PRIX.

MINISTÈRE DE LA GUERRE.
SERVICE GÉOGRAPHIQUE DE L'ARMÉE.

Le Service géographique a exposé les divers types de cartes qu'il publie, de manière à faire ressortir les progrès réalisés depuis 1899.

1° *Carte au 1/80.000; type de 1889.* — Cette carte connue sous le nom de « *Carte de l'État-Major* » et dont la publication a été terminée en 1882, est constamment tenue à jour par des revisions périodiques sur le terrain. A partir de 1889, les feuilles ont été divisées en quarts; la revision a été faite, avec un soin particulier, par un personnel de choix que dirige le Service géographique. Les corrections dessinées sur des amplifications au 1/50.000 sont reportées sur des épreuves au 1/80.000; les corrections sur les cuivres sont simplifiées par l'emploi de la galvanoplastie qui fournit un relief sur lequel on fait, au grattoir, les effaçures et ensuite une planche en creux où les parties destinées à recevoir des corrections sont planées. On pouvait suivre les opérations successives sur les planches exposées dans une vitrine. On remarquait dans une autre vitrine une minute au 1/100.000 de la triangulation sur laquelle repose la carte de l'État-Major et dont les opérations fondamentales ont été reprises entièrement de 1869 à 1896.

2° *Carte au 1/50.000 en couleurs.* — Ce n'est encore qu'une amplification du 1/80.000 rendue très claire par cet agrandissement et par l'emploi de couleurs au nombre de sept. Un estompage au crayon lithographique produit l'effet de la lumière oblique et fait nettement ressortir le relief représenté d'ailleurs en lumière zénithale par les hachures tirées en ton pâle.

C'est un 1/50.000 provisoire destiné à être remplacé par une carte définitive à la même échelle, d'après les levés au 1/10.000 et au 1/20.000. Le programme de ce grand travail arrêté par la Commission centrale des travaux géographiques n'attend que la sanction du Parlement.

3° *Carte chorographique de la France au 1/200.000,* tirée sur zinc, en cinq couleurs, avec courbes à l'équidistance de 40 mètres, les reliefs rendus par un estompage en lumière oblique. Cette carte, qui compte 82 feuilles, a été commencée en 1883 et terminée en 1895.

4° *Carte au 1/320.000* sur cuivre, terminée depuis 1883, tenue à jour pour les chemins de fer seulement.

5° *Carte des chemins de fer français au 1/800.000*, entreprise en 1895; trois couleurs, écritures faites en lithographie sur des épreuves au 1/400.000 et héliogravées avec une réduction de moitié.

6° *Algérie au 1/50.000*, tirée sur zinc en sept couleurs. On nous a montré tous les détails du travail : minutes des levés au 1/40.000, spécimens de zincs gravés, épreuves en couleurs, les reliefs en courbes rehaussés par un estompage en lumière oblique.

7° *Algérie au 1/200.000*, réduction de la carte précédente, commencée en 1890.

8° *Tunisie au 1/50.000*, semblable à la carte de l'Algérie. Une partie du territoire de la Régence est levée seulement au 1/80.000 pour être publié au 1/100.000.

9° *Tunisie au 1/100.000* sur zinc, en sept couleurs.

10° *Algérie au 1/800.000*, en trois couleurs; base d'une carte des étapes d'Algérie.

11° *Tunisie au 1/800.000*, prolongement de la carte précédente.

Rappelons que les diverses cartes de l'Algérie et de la Tunisie reposent sur une triangulation qui recouvre de son réseau la presque totalité de ces deux pays.

Outre les cartes précédemment énumérées qui résultent de ses levés originaux, le Service géographique a exposé des cartes dressées d'après l'ensemble de travaux français et étrangers, et d'abord la carte de l'*Afrique au 1/2.000.000* par le chef de bataillon de Lannoy de Bissy et continuée, depuis 1891, par le capitaine Rouby. La deuxième édition, qui date de 1891, est tirée en trois couleurs. La carte compte 63 feuilles de o m. 50 sur o m. 40.

On voyait, à côté, des cartes de la *Turquie d'Asie*, de l'*Asie*, de l'*Amérique au 1/1.000.000*.

Citons aussi les minutes des levés de précision au 1/10.000, et au 1/20.000, ceux au 1/40.000 et au 1/50.000 des cartes d'Algérie, des plans-reliefs des environs de Briançon et des Vosges, des plans-reliefs d'étude pour les corps de troupe.

Enfin une vitrine renfermait les diverses publications du Service géographique, parmi lesquelles la première place revient au bel ouvrage du colonel Berthaut sur la carte de France. Nous y avons remarqué les cahiers du Service géographique, les fascicules de la *Description géométrique de la Tunisie*, etc.

En résumé, le Service géographique s'est tenu à la hauteur de sa mission en géodésie, en topographie, et en cartographie il a transformé ses procédés de reproduction. Il nous conserve encore, par la revision de la carte au 1/80.000, la tradition de la gravure en taille-douce qui fournira toujours, en géographie, la plus belle expression de l'art; mais il faut reconnaître que, dans la pratique, les cartes en couleurs sont plus claires, plus nettes, permettent de donner des renseignements plus complets et on peut prévoir que la gravure en taille-douce sera de plus en plus abandonnée pour les cartes topographiques.

La tâche du Service géographique va, pour ainsi dire, recommencer avec l'exécution de la nouvelle carte au 1/50.000. On peut affirmer qu'elle continuera à être bien remplie.

Collaborateurs. — *Médaille d'or.* M. Pépin, graveur. — *Médaille d'argent.* MM. Coinchot, dessinateur; Gousset, graveur; Sableyrolles, de Fay, photographes. — *Médaille de bronze.* MM. Pequegnot, modeleur; Geste, Folliot, Brezzo, Fort, Legrand, graveurs. — *Mention honorable.* M. Dubéchot, graveur.

MINISTÈRE DE LA MARINE.

SERVICE HYDROGRAPHIQUE.

Au milieu des cartes en couleur, si agréables à l'œil, qui couvrent les panneaux de la Classe 14, les cartes marines font contraste par leur tirage uniformément noir, conservé par les services hydrographiques de tous les pays. L'emploi des couleurs ne serait pas sans avantages pour les cartes destinées à la navigation, mais il aurait en revanche des inconvénients majeurs. Il faudrait se restreindre à de petits formats pour limiter les erreurs de repérage et augmenter les échelles parce que les tirages en couleur ne donnent pas autant de finesse que la gravure en taille-douce; les corrections, qui sont incessantes sur les cartes marines, deviendraient plus compliquées quand on aurait à retoucher plusieurs planches au lieu d'une. Enfin, par suite de la fréquence de ces corrections, on limite à un petit nombre d'exemplaires les tirages des cartes hydrographiques et, dans ces conditions, la reproduction en couleurs serait très onéreuse.

L'hydrographie semble donc vouée aux cartes imprimées en noir et à la gravure en taille-douce qui donne les résultats les plus précis. La gravure sur pierre a pu être employée en France et est encore en usage dans quelques services hydrographiques de l'étranger, concurremment avec la gravure sur zinc; mais aucun procédé ne se prête aussi bien que celui de la gravure sur cuivre aux corrections et même à la refonte d'une carte qui devient si simple par l'emploi de la galvanoplastie.

Le Service hydrographique a toutefois recours aux procédés rapides de l'autophotographie sur zinc pour des publications provisoires précédant les publications définitives en taille-douce.

Les cartes présentées par le Service hydrographique ont été gravées depuis 1889, et beaucoup sont le résultat d'opérations exécutées depuis la même date.

Il faut citer en tête le levé de la Corse, commencé en 1884 et terminé en 1891 par les ingénieurs hydrographes et qui a fourni la substance de onze cartes particulières au 1/35.000, de onze plans à des échelles plus grandes et d'une carte générale au 1/230.000. Ce travail est représenté par l'ensemble des cartes particulières et par la planche de cuivre de l'une de ces cartes qui ont toutes été gravées par M. Delaune.

Les levés de la Corse ont été dirigés successivement par MM. les ingénieurs Germain, Hatt et Bouillet.

Les côtes de France ont été reconnues de nouveau, depuis 1889, dans un grand nombre de leurs parties, savoir, par ordre géographique :

Les abords de Dunkerque; l'estuaire de la Seine, 1894 : M. Renaud, chef de la mission.

Rade de Cherbourg, 1897 : M. Faucon, lieutenant de vaisseau.

Atterrages de Brest, 1891 : M. Hanusse.

Embouchure de la Loire, 1893 : M. Hanusse.

Embouchure de la Gironde, 1892 : M. Héraud.

Côte sud de France entière, 1895 à 1898 : directions successives de MM. Favé et Mion.

Lacs de Bizerte, 1895 : M. Morier, lieutenant de vaisseau (Classe 119).

Ces divers travaux sont représentés par des cartes à l'échelle ordinaire de 1/45.000, enfin par des plans à échelles comprises entre le 1/14.400 et le 1/5.000.

Une publication provisoire de la rade d'Hyères, à l'échelle de 1/25.000, montre les résultats qu'on obtient par l'emploi de l'autophotographie.

A signaler deux minutes de plans à grande échelle.

Si nous passons aux parages lointains, nous trouvons les cartes levées sur la côte nord-ouest de Madagascar, de 1887 à 1894, par les ingénieurs hydrographes Favé, Mion, Rollet de l'Isle, Driencourt, Cauvet, Fichot, avec le concours de plusieurs officiers de marine, MM. Besançon, Martel, Grandin, Lebail, Fournier.

Ces cartes représentent, à des échelles diverses, la partie comprise entre Diégo-Suarez et le cap Saint-André, en passant par le cap d'Ambre. Elles reposent sur des triangulations régulières.

Nous trouvons ensuite la carte de l'estuaire du Gabon, au 1/85.000 : MM. Deman, Tracou, lieutenants de vaisseau.

Le golfe de Tadjura, 1890 à 1892 : MM. de Carfort et Guillou, lieutenants de vaisseau.

La baie de Djibouti, 1889 : M. de Cacqueray, lieutenant de vaisseau.

Divers levés à Terre-Neuve, 1891 à 1892 : MM. La Porte, ingénieur hydrographe; Schwérer, Tapissier, Petit, Sericyx et Lefèvre, officiers de marine.

La baie de San Miguel, à l'embouchure du fleuve Darien, 1888-1889 : M. Fradin, capitaine au long cours.

En Indo-Chine, les îles Lo-Shu-Shan, 1888 : M. Bonifay, lieutenant de vaisseau; des ports et mouillages au sud de Haïnan, 1889 : M. Arago, lieutenant de vaisseau.

En Océanie, le levé important de l'île Manga-Reva, 1894-1895 : MM. Joulia, lieutenant de vaisseau; Dumesnil, enseigne de vaisseau, et les officiers du *Pourvoyeur*. Celui de l'île Tubuaï, 1894, par M. Philibert, capitaine de frégate.

Outre ces travaux originaux, le Service hydrographique a dressé diverses cartes réclamées par les besoins de la navigation. Telles sont : une carte du bassin oriental de la Méditerranée au 1/1.000.000, en trois feuilles, et une carte de la Manche au 1/400.000° (Classe 119); un planisphère terrestre avec teintes hypsométriques, en cours de gravure, et une carte polaire des régions septentrionales du globe (Classe 119).

Il a continué à reproduire les cartes étrangères nouvelles pour compléter les portefeuilles des bâtiments.

Les 740 cartes nouvelles, publiées depuis 1889, ont été réunies en vingt atlas figurant à la Classe 14, dont l'un contient les 12 cartes synoptiques des courants de la Manche, du pilote-major Hédouin.

Le Service hydrographique a exposé également ses diverses publications imprimées depuis 1889, savoir :

Ouvrages généraux : Catalogue de l'hydrographie française; Recherches sur les chronomètres; Recherches sur le régime des côtes; Reconnaissance hydrographique des côtes de la Tunisie (MM. Manen, Héraud, Hanusse); Emploi des coordonnées rectangulaires (M. Hatt); Hydrographie expéditive (MM. Germain et Hanusse); Les problèmes de navigation et la carte marine, Tables et types de calculs, par M. Guyou, capitaine de frégate; Manuel des instruments nautiques, par M. Guyou, capitaine de frégate; Album des pavillons nationaux; Livre des docks et bassins; Code international des signaux; Table des distances de port à port, ces trois derniers ouvrages publiés sous la direction de M. Banaré, capitaine de frégate.

Ouvrages périodiques : Annuaires des marées des côtes de France, de la Basse-Cochinchine et du Tonkin, de Majunga, publiés depuis 1889, perfectionnés par MM. Hatt et Rollet de l'Isle; Annales hydrographiques de 1886 à 1899; les sept Livres des phares des diverses mers qui sont publiés annuellement sous la direction de M. le commandant Banaré, ainsi que les Annales.

Instructions nautiques : 33 volumes publiés depuis 1889 par le service que dirige M. le commandant Banaré.

Enfin nous signalerons une série d'abaques dus à MM. les ingénieurs Favé et Rollet de l'Isle pour donner la hauteur de la marée à un instant quelconque, pour la détermination du point à la mer, fournissant des éphémérides graphiques.

Collaborateurs. — *Médaille d'or.* M. Laujol de Lafage, dessinateur. — *Médailles d'argent.* MM. Vialard, Huguet, Gorvel, graveurs; Lebas, dessinateur. — *Médailles de bronze.* MM. Chausseblanche, Biscay, Lorsignol, graveurs; Simon, dessinateur; Leturquier, agent technique. — *Mentions honorables.* MM. Coindet, calculateur; Dégruelle, graveur.

MINISTÈRE DES TRAVAUX PUBLICS.
SERVICE DU NIVELLEMENT GÉNÉRAL DE LA FRANCE.

Ce service a fait, dans la Classe 15, son exposition qui comprenait les instruments employés sur le terrain et en même temps les documents qui montrent les méthodes d'opération et de calcul et donnent les résultats.

Une carte murale représentait l'état actuel du travail commencé en 1884. Les opérations ont été réparties en réseaux de cinq ordres, couvrant de mailles serrées tout le territoire français. Sur l'ensemble des lignes nivelées, dont le développement total ne sera pas inférieur à 800,000 kilomètres, viendront s'appuyer des courbes de niveau filées sur le sol partout où ce sera possible. On obtiendra ainsi une représentation géométrique exacte du relief du terrain telle que la réclament les services publics.

Le réseau fondamental et le réseau de second ordre, comptant, le premier 29,500 kilomètres, le second 14,300 kilomètres, sont terminés. Le réseau de troisième ordre, comprenant 37,300 kilomètres, est fait sur 16,800 kilomètres; celui du quatrième ordre, comprenant 148,300 kilomètres, est fait sur 5,800 kilomètres; en somme, sur les 229,400 kilomètres que comprennent les quatre premiers réseaux, le travail est fait sur 66,400, et il en reste 163,000 à exécuter. Mais les premiers réseaux sont les plus importants; ils sont traités avec toute la précision possible, les mailles des ordres suivants devenant plus petites comportent des procédés plus rapides, exigeant moins de temps et de dépenses.

Les précautions les plus minutieuses et les plus ingénieuses en même temps sont prises pour arriver à l'exactitude absolue et même épargner aux opérateurs la tentation de faire concorder les résultats autrement qu'en reprenant les mesures.

Dans les calculs, on a introduit les procédés les plus rapides et les plus perfectionnés par l'emploi des abaques.

Le Jury a constaté une fois de plus la méthode qui a présidé à l'organisation de cette belle œuvre qui fait le plus grand honneur à son directeur, M. l'ingénieur en chef des mines Ch. Lallemand.

Rappelons, en terminant, l'emploi du médimarémètre qu'il a imaginé pour la détermination du niveau moyen de la mer. Le résultat des observations faites au moyen de cet appareil en divers lieux du littoral européen est très intéressant, car il montre que ce niveau moyen est uniforme, contrairement à ce que des mesures inexactes avaient permis de supposer.

Collaborateurs. — *Médaille d'or.* M. Prévot, conducteur des ponts et chaussées, faisant fonctions d'ingénieur. — *Médailles d'argent.* MM. Leroy et Laurent, conducteurs des ponts et chaussées. — *Médailles de bronze.* MM. Violon, conducteur des ponts et chaussées; Pornot, commis des ponts et chaussées; Heckenbinder, conducteur des ponts et chaussées. — *Mentions honorables.* MM. Couture, Cavallier, Renard, portemires.

MINISTÈRE DES FINANCES.

DIRECTION GÉNÉRALE DES CONTRIBUTIONS DIRECTES. — COMMISSION EXTRAPARLEMENTAIRE ET SERVICE TECHNIQUE DU CADASTRE.

Le Ministère des finances a exposé les travaux de la Commission extraparlementaire du cadastre qui ont abouti à la loi du 17 mars 1898 sur la revision du cadastre et à la création du service technique dont la direction est confiée à M. Ch. Lallemand, déjà directeur du service du nivellement général de la France.

L'œuvre de la Commission était représentée par des cartes et tableaux de statistique donnant la marche des opérations cadastrales en France, la distribution des parcelles, etc. Elle a exposé en outre, de concert avec le service technique, le nouveau plan cadastral de la commune de Neuilly-Plaisance (Seine-et-Oise), qui a été exécuté, à titre d'essai, sous la direction de M. Lallemand, de 1893 à 1896. Nous retrouvons ici l'esprit de méthode auquel nous devons déjà l'organisation du service du nivellement général. On a introduit dans cet essai tous les perfectionnements enseignés par l'expérience, les uns employés déjà dans des opérations analogues en France et à l'étranger, les autres imaginés au cours même des opérations. La méthode de travail a été aussi perfectionnée par une division judicieuse entre les opérateurs qui travaillent toujours sur le terrain et les calculateurs et les dessinateurs qui mettent les levés au net. Il faut signaler la substitution de feuilles de zinc au papier pour le tracé des lignes du plan, qui se trouve ainsi gravé directement. Sur ces feuilles les points, calculés en coordonnées rectangulaires, sont portés au moyen d'un appareil spécial; les lettres sont gravées mécaniquement et les traits sont tracés au burin. Elles fournissent par tirage toutes les épreuves dont on a besoin. Ces feuilles sont à l'échelle de 1/1.000. La précision des levés et du dessin est telle qu'on a pu se dispenser d'inscrire les longueurs des côtés des diverses parcelles qui peuvent être mesurés sur les plans, de même que les contenances ont pu être évaluées directement au moyen du planimètre perfectionné ou de glaces divisées en bandes de 1 millimètre. Sur l'ensemble des feuilles de zinc, on trace des courbes de niveau filées sur le terrain et, par une réduction photographique, on obtient un plan complet au 1/5.000, répondant aux besoins des services publics.

Signalons enfin l'idée ingénieuse de représenter le relief par des feuilles de bristol découpées suivant les courbes, superposées et photographiées ensuite sous une lumière rasante; on obtient ainsi un plan réduit au 1/10.000 donnant à la fois la planimétrie et une image saisissante du relief.

On pouvait suivre, au moyen des diverses planches exposées, les phases successives de ce levé de précision qui paraît réaliser les meilleures conditions d'exactitude et de célérité. Il faut souhaiter qu'il soit étendu à toutes les parties du territoire français.

Collaborateurs. — *Médailles d'argent*. MM. Cuvigny, Dreux, Bureaux, conducteurs des ponts et chaussées. — *Médaille de bronze*. M. Trouvé (Adolphe), dessinateur.

MINISTÈRE DE L'INTÉRIEUR ET DES CULTES.

ADMINISTRATION DÉPARTEMENTALE ET COMMUNALE. — SERVICE DE LA CARTE DE FRANCE.
CARTE AU 1/100.000 DU SERVICE VICINAL.

La carte au 1/100.000 du Ministère de l'intérieur, entreprise en 1878 et qui était déjà avancée aux deux tiers en 1889, a été présentée, en 1900, complètement achevée, sur un vaste panneau cintré suivant la courbure de la terre, qui attirait l'attention des visiteurs. On a pu juger par ce bel assemblage de l'importance de l'œuvre et de sa valeur. Dès son apparition, cette carte, destinée à fournir des renseignements complets sur les voies de communication, s'est trouvée, par l'emploi des couleurs et de la lumière oblique pour les reliefs, si heureusement disposée qu'elle a conquis la faveur du public, même à côté de la carte au 1/80.000 de l'État-Major, dont elle est une réduction pour les données fondamentales ; entrant dans la consommation courante, elle a répandu en France l'usage des cartes en couleurs. Les dispositions adoptées pour le système de projection (polycentrique), la coupure et le numérotage des feuilles ont été jugées si avantageuses qu'elles ont été adoptées par la Commission centrale des Travaux géographiques pour la nouvelle carte projetée au 1/50.000.

Les feuilles sont incessamment tenues à jour par le service vicinal.

Elles sont gravées sur pierre, tirées ensuite en report. Pour rendre les corrections possibles, on a fait clicher la gravure sur pierre en planches de cuivre qui servent de matrices pour les tirages ultérieurs.

Ce grand et utile travail a été exécuté en quinze années, de 1878 à 1893, sous la direction de M. l'ingénieur ANTHOINE, dont le nom reste inséparable de l'œuvre.

COLLABORATEURS. — *Médaille d'or*. M. BÉNINGER, ingénieur, sous-chef du service. — *Médaille d'argent*. M. ZAEPFFEL, sous-chef chargé des ateliers.

MINISTÈRE DES COLONIES.

SERVICE GÉOGRAPHIQUE.

Le Service géographique des Colonies est le dernier né des services publics qui produisent des œuvres géographiques. Créé en 1889, il affirmait, à l'Exposition de 1900, son utilité et son développement par une participation des plus intéressantes. Ses principales publications étaient exposées dans une des salles du pavillon des Colonies, au Trocadéro. Obligé, faute de place, de se restreindre, il s'est borné, nos vieilles colonies étant déjà entièrement connues, à faire connaître les contrées nouvelles d'Afrique et d'Asie sur lesquelles ont porté les plus récentes découvertes géographiques.

Deux cartes murales, qui se faisaisnt face, représentaient, l'une en Asie, l'autre en Afrique, les résultats de la pénétration française. Autour de chacune d'elles étaient groupées les cartes de détail qui la concernent, ainsi que des photographies rapportées par les explorateurs.

ASIE. — Carte générale de l'Indo-Chine au 1/1.000.000 par la mission Pavie.

Carte du Tonkin et des régions méridionales de la Chine.

Des plans du cadastre de la Cochinchine, en particulier le plan de Saïgon au 1/4.000, les environs de Cho-lon au 1/20.000.

Reconnaissance du Mékong par les missions Simon et Levay, Mazerau et Le Blevec (en atlas).

AFRIQUE. — Carte de la boucle du Niger au 1/500.000.

Régions méridionales de la Guinée et du Soudan français au 1/500.000.

Carte du Transnigérien (Marchand) au 1/65.000.

Carte de la mission Blondiaux à la Côte d'Ivoire.

Carte du Congo français.

Carte en huit feuilles de la Côte d'Ivoire (M. Pobéguin).

Carte de la mission Blondiaux à Doumérah.

Carte du Barh-el-Gazal.

Atlas du cours du Niger par la mission Hourst.

Itinéraire de la mission Bonchamps, de Djibouti au Nil blanc.

En outre, comme publications générales, l'*Atlas des colonies françaises* par M. Pelet, la collection de *la Revue coloniale* et quelques ouvrages généraux sur les principales cultures coloniales.

Enfin, signalons un théodolite très simple, peu coûteux, imaginé et employé par le capitaine Houdaille pendant sa mission d'études d'un chemin de fer à la Côte d'Ivoire.

COLLABORATEURS. — *Médailles d'or.* MM. HOURST, SIMON, lieutenants de vaisseau; OLIVIER, capitaine. — *Médailles d'argent.* MM. LEVAY, BAUDRY, lieutenants de vaisseau. — *Médailles de bronze.* MM. MEUNIER, BARRATIER, dessinateurs.

MÉDAILLES D'OR.

VILLE DE PARIS.

DIRECTION ADMINISTRATIVE DES SERVICES D'ARCHITECTURE ET DES PROMENADES ET PLANTATIONS.

La Ville de Paris a exposé, dans son pavillon, la riche collection de documents topographiques qui servent de base aux travaux de voirie, d'architecture, d'embellissements, savoir : les plans de Paris au 1/5.000 et au 1/10.000; le canevas sur lequel reposent ces levés; des feuilles indiquant les démolitions et les constructions neuves, exécutées depuis 1870; des plans de lotissement à des échelles entre le 1/100 et le 1/500. A côté de ces plans figuraient des aquarelles représentant des parties de la ville de Paris destinées à disparaître; des statistiques diverses, le tout formant une très intéressante collection.

DÉPARTEMENT DE LA SEINE.

CARTE AU 1/5.000.

Le Service des ponts et chaussées du département de la Seine, dirigé par M. l'ingénieur en chef Hétier, a exposé une carte au 1/5.000, établie par ses soins. Cette carte a pour base les levés au 1/10.000 du Service géographique de l'armée, complétés par les conducteurs et commis des ponts et chaussées pour les détails des voies de communication, les constructions et plantations. Le département a été divisé en 105 feuilles de 0 m. 40 sur 0 m. 60 qui, après avoir été dressées et gravées sur pierre, ont fourni les éléments des plans de chacune des communes. Ces plans ont été tirés en quatre couleurs, au moyen de reports sur zinc. Des tirages supplémentaires permettent de faire figurer les égouts, les conduites d'eau et de gaz, suivant les besoins des différents services. Ce travail a été exécuté, de 1894 à 1900, sous la direction de MM. Hétier, ingénieur en chef, et Colmet d'Aage, ingénieur ordinaire.

Collaborateurs. — *Médaille d'argent.* M. Chantoiseau, conducteur des ponts et chaussées. — *Médaille de bronze.* M. Le Moal, commis des ponts et chaussées.

SOCIÉTÉS PRIVÉES.

GRANDS PRIX.

SOCIÉTÉ DE GÉOGRAPHIE DE PARIS.

La Société de géographie de Paris a exposé les cartes et ouvrages qu'elle a publiés depuis 1889. Fondée en 1821, doyenne des sociétés de géographie, elle a figuré avec honneur aux Expositions précédentes de 1867, 1878, 1889, et depuis elle a continué à progresser dans la voie qu'elle s'était tracée, en employant les ressources, qu'elle tient uniquement de souscriptions privées, à provoquer ou à aider des explorations, à en faire connaître les résultats, à récompenser les efforts des explorateurs, en un mot à encourager de toutes les manières le développement et la vulgarisation des découvertes géographiques. C'est une des institutions qui font le plus d'honneur à notre pays, où elle donne la mesure de ce qu'on peut attendre de l'initiative privée.

Ses publications fondamentales (autrefois le *Bulletin* et le *Compte rendu,* aujourd'hui la *Géographie*) constituent un répertoire complet de tous les travaux de la Société et du mouvement des découvertes enregistrées jour par jour. Les rapports annuels de ses secrétaires généraux donnent les tableaux successifs des connaissances géographiques. Ils ont été rédigés jusqu'en 1896 par M. Maunoir, qui, depuis trente ans, s'acquittait de cette tâche avec une érudition et un art que tout le monde connaît, et depuis 1896 par M. le baron Hulot, son digne successeur.

La Société a fait diverses autres publications d'ouvrages et de cartes. Il convient de citer particulièrement la carte d'Afrique au 1/10.000.000, publiée en 1895, dans le but de mettre en évidence les récentes découvertes et aussi la délimitation des sphères d'influence des nations européennes.

La Société a fait figurer dans son exposition les portraits des titulaires des grandes médailles d'or qu'elle a décernées depuis 1889. La liste de ces noms est en même temps celle des explorations mémorables accomplies dans cette dernière période : 1890, Binger ; 1891, Bonvalot, 1893, Monteil ; 1896, prince Henri d'Orléans ; 1897, Nansen ; 1898, Foa ; 1899, Gentil ; 1900, Marchand. La Société a décerné, en outre, à titre exceptionnel, trois grandes médailles d'or, pour l'ensemble de leurs travaux : en 1892, à MM. Élysée Reclus et Maunoir, et, en 1896, au général Gallieni, qui a marqué son passage au Soudan et au Tonkin par d'éminents services rendus à la géographie et à la colonisation, services qu'il continue de rendre à Madagascar.

Parmi les titulaires des médailles d'or dans la même période, nous relevons les noms : du lieutenant de vaisseau Caron, qui a fait, en 1889, le premier voyage à Tombouctou par le Niger ; du prince de Monaco, pour ses recherches hydrographiques dans l'Atlantique ; de Maistre, 1894 ; de Mizon, 1895 ; de Thoulet, 1896 ; de Gerlache, expédition antarctique belge ; du capitaine Pein, occupation d'In-Salah, ces deux dernières médailles décernées en 1900.

COLLABORATEURS. — *Médaille d'argent.* M. AUBRY, agent de la Société. — *Médaille de bronze.* — M. LACROIX, aide-bibliothécaire.

CLUB ALPIN FRANÇAIS.

Le Club alpin français a rassemblé dans son pavillon tous les objets qui touchent à la mission en vue de laquelle il s'est fondé en 1874 et qui a pour but de développer, tant par des excursions que par des conférences et des publications, l'étude des montagnes.

Une place importante a été réservée, dans cette exposition, aux cartes et reliefs géographiques. Nous citerons une carte du versant méridional des Pyrénées et le relief du mont Perdu au 1/10.000, de M. SCHRADER, qui est vice-président du Club et président de la commission chargée d'organiser l'exposition ; le levé du mont Blanc, de M. Henri VALLOT ; le panorama du mont Blanc et l'étude des mouvements de la mer de glace, de M. Joseph VALLOT ; le relief du mont Cervin, de M. IMFELD ; les documents spéléologiques de M. MARTEL ; la carte des Pyrénées espagnoles, de M. le comte de SAINT-SAUD. Ces travaux ont été exposés, pour la plupart, dans la Classe 14, sous les noms de leurs auteurs ; mais nous n'avons pas retrouvé ailleurs le relief de la vallée d'Ossau, de M. BAYSSELANCE ; les sondages des lacs, de M. BELLOC ; les cartes du Caucase, de M. FRESHFIELD, ni les intéressantes cartes manuscrites de Sir Martin CONWAY, fruit de ses explorations dans l'Himalaya, au Spitzberg, dans les Andes de Bolivie, à côté desquelles sont exposés ses ouvrages publiés sur les mêmes régions, ni enfin les beaux panoramas rapportés de l'Alaska par le duc DES ABRUZZES.

COLLABORATEURS. — *Médailles d'or.* S. A. R. le duc DES ABRUZZES, Sir Martin CONWAY, MM. FRESHFIELD (Douglas), MORENO (Francisco), Mosso (Angelo). — *Médailles d'argent.* MM. le comte D'ARLOT DE SAINT-SAUD, BELLOC (Émile), CUÉNOT (Henri), DESBROSSES (Jean), DUHAMEL (Henri), FERRAND (Henri), GUÉRY (A.), JANET (A.), MARTEL (E.-A.), MORENO (MAURICE), SELLA (Vittorio), THIOLLIER (Félix).

MÉDAILLES D'OR.

SOCIÉTÉ DE GÉOGRAPHIE COMMERCIALE DE PARIS.

Elle a pris naissance dans le sein de la Société de géographie. En 1873, à la suite d'une entente entre cette dernière et 88 chambres syndicales, une commission de géographie commerciale fut créée dans le but de tirer des applications utiles et pratiques des découvertes que provoquait la Société de géographie ou que faisaient ses membres, ainsi que des travaux des savants français et étrangers. Cette Commission, de l'assentiment de la Société de géographie, se transforma en une Société indépendante, dont les statuts furent approuvés en 1876 et qui fut reconnue d'utilité publique en 1884. A partir de 1878 surtout, la Société de géographie commerciale a pris son essor. Elle compte aujourd'hui, tant à Paris que dans les départements, près de 2,000 membres, dont 370 fondateurs, ainsi que de nombreux correspondants répandus sur toute la surface du globe. Elle publie un bulletin mensuel plein de renseignements sur les faits géographiques, particulièrement ceux qui intéressent le commerce et l'industrie. Elle distribue, tous les ans, diverses médailles et une bourse de voyage. Nous trouvons, parmi ses lauréats, des voyageurs que nous avons déjà cités à l'occasion des médailles de la Société de géographie et en outre, depuis 1889, M. Foureau 1896, MM. Madrolle et Jean Dupuy 1897, Mme Isabelle Massieu 1898, M. Ch. Lemire 1899, etc.

La Société a exposé ses publications et divers autres documents, en particulier un planisphère indiquant les voyages couronnés.

Le Jury a été heureux de constater la prospérité de la Société de géographie commerciale due, pour une bonne part, aux efforts de son secrétaire général, M. Ch. Gauthiot, qui lui consacre son dévouement depuis 1878. Son œuvre, très utile et déjà considérable, ne peut manquer de se développer au profit des intérêts du pays.

COLLABORATEURS. — *Médaille d'or.* M. CRAVOISIER, secrétaire de la Société. — *Médaille d'argent.* MM. Louis WOUTERS, conservateur adjoint des collections, PILINSKI. — *Médaille de bronze.* M. PAQUET, agent de la Société.

SOCIÉTÉ DE GÉOGRAPHIE DE LILLE.

Cette Société date de 1880; elle a été reconnue d'utilité publique en 1895. Elle a créé des sections à Roubaix et à Tourcoing et s'est liée par une convention administrative avec la Société de Valenciennes. Elle avait atteint, au 1er avril 1900, pour l'ensemble de ces quatre groupes, les chiffres de 3,758 inscriptions et 2,441 sociétaires existants. Elle publie un bulletin mensuel, organise des conférences, des excursions, des concours et encourage avec succès le développement et la vulgarisation des connaissances géographiques.

Collaborateurs. — *Médaille d'or.* M. Merchier, secrétaire général. — *Médailles d'argent.* MM. Quarré-Reybourbon, vice-président; Cantineau, archiviste.

GÉOGRAPHES. — TRAVAUX PERSONNELS.

HORS CONCOURS.

Quatre exposants de cette catégorie étaient hors concours comme membres du Jury.

Le prince Roland Bonaparte s'est adonné, depuis 1890, à l'étude des mouvements des glaciers qui sont un peu comme ceux des fleuves. En effet, les glaciers croissent, restent stationnaires ou décroissent suivant que l'ablation due à la fusion de la glace est plus faible que l'apport provenant des neiges, égal à cet apport ou plus fort que lui. Par divers procédés, dont le plus exact consiste à déterminer géométriquement une ligne de pierres peintes et numérotées placées au pied du front, ou mieux encore à faire un levé complet et exact du glacier, on peut se rendre compte de ses mouvements. Le prince Roland Bonaparte a obtenu ainsi, de 1890 à 1895, des renseignements sur plus de 200 glaciers des Alpes ou des Pyrénées, dont une soixantaine ont été étudiés avec précision. C'est une contribution très intéressante à la physique du globe au point de vue des rapports qui peuvent exister entre les variations de volume des glaciers et les phénomènes généraux de l'atmosphère.

Quatre minutes de plans de glaciers ont été exposées comme spécimens et montrent, au moyen de lignes de pierres numérotées et déterminées, le développement des glaciers du Chardon (1892-1896), de la Pilatte (1892-1896), des sources de l'Isère (1892-1896), dans les Alpes du Dauphiné et de la Savoie, et du mont Perdu (1893-1896) dans les Pyrénées; les trois premiers plans, à l'échelle de 1/500, le quatrième au 1/200. On constate que les trois premiers glaciers étaient en voie de décrue, ainsi que les trois quarts des glaciers étudiés; celui du mont Perdu, au contraire, a éprouvé un accroissement.

M. Léon Dru, dont les recherches sur les nappes aquifères du bassin parisien sont bien connues, a exposé un plan géologique de ce bassin donnant les étages du terrain tertiaire. C'est le résumé d'un grand travail qui remplit quarante feuilles quadrillées au kilomètre à partir de la méridienne et de la perpendiculaire de l'Observatoire de Paris et sur lesquelles ont été indiqués les résultats de nombreux forages. Un point étant donné par ses coordonnées, on peut se rendre compte à l'avance des conditions dans lesquelles on atteindra dans la verticale de ce point la couche aquifère.

Collaborateur. — *Médaille de bronze.* M. Rabany.

M. Camille Guy, qui a pris une part importante à l'organisation du service géographique des Colonies, dont il est aujourd'hui le chef et à qui on doit la belle exposition de ce service, figure, à titre personnel, parmi les exposants pour les cartes dressées sous sa direction et les ouvrages qu'il a publiés. En dehors de ses travaux qui ont les colonies pour objet, nous devons citer l'*Album géographique,* dû à sa collaboration avec M. Marcel Dubois, dans lequel l'enseignement de la géographie est complété par des illustrations donnant les images et aspects de la nature, les types des races humaines et des renseignements sur leurs mœurs.

M. Fr. Schrader, que nous avons déjà rencontré dans le pavillon du Club alpin et que nous retrouverons en nous occupant de la maison Hachette, a exposé, en outre, à titre personnel, sa *carte des Pyrénées centrales* au 1/100.000, en six feuilles, dont cinq sont publiées.

On sait comment, au prix de laborieux efforts, avec le secours de méthodes nouvelles et d'un instrument de son invention, M. Schrader a rectifié et complété la représentation topographique des Pyrénées. La carte est accompagnée d'un relief au 1/200.000.

M. Schrader figure encore dans l'exposition de la République d'Andorre pour une *carte au 1/50.000 des Vallées,* qu'il a levée de 1866 à 1899, en collaboration avec MM. le comte de Saint-Saud et V. Huot. A côté de cette carte, on voyait la photographie d'un relief des Vallées.

Le Jury s'est félicité de voir figurer parmi les exposants les savants qui, par leurs explorations ou par leurs écrits, ont provoqué, depuis trente ans, la renaissance des études géographiques dans notre pays. En les inscrivant sur ses listes de récompenses, il s'est proposé, moins de faire valoir des œuvres dont le mérite est consacré, que de témoigner sa reconnaissance pour les services rendus par ces maîtres de la géographie française, dont il nous suffira de donner les noms et de mentionner les travaux.

GRANDS PRIX.

M. Alfred Grandidier, dont le nom est inséparable de celui de Madagascar, notre nouvelle conquête, a présenté une *carte de l'Imérina* dressée en 1895 et reposant sur une triangulation complétée par le R. P. Colin, carte très intéressante et utile par le nombre considérable de noms de localités qu'elle donne.

M. de Lapparent a exposé ses ouvrages de géologie et de géographie physique qui ont renouvelé cette dernière science en y introduisant la description exacte de l'écorce terrestre, fondée sur les données certaines de la géologie. On sait quelle place ces œuvres ont faite à leur auteur dans le monde géographique, et comme il y représente notre pays avec éclat.

M. Levasseur, dont le nom rappelle toute une vie consacrée à la propagation des sciences géographiques et économiques, a exposé son grand atlas de géographie physique et politique qui est son œuvre géographique la plus considérable.

M. le général Niox a présenté un ensemble de publications, fruit de vingt-cinq ans de labeurs, ayant eu pour objet d'abord la géographie militaire et ensuite l'enseignement classique.

1° Atlas de géographie générale tenu au courant des modifications survenues dans les dix dernières années;

2° Atlas de géographie physique, politique et historique;

3° Grand planisphère mural;

4° Petites cartes élémentaires à l'usage des écoles;

5° Carte d'Afrique centrale et australe au 1/8.000.000;

6° Géographie générale en 8 volumes. — Résumé en trois volumes;

7° Globe terrestre.

M. Élysée Reclus. — Le dix-neuvième et dernier volume de la *Nouvelle Géographie universelle* a paru en 1896, vingt et un ans après le premier volume, qui porte la date de 1875. Cette œuvre puissante a depuis longtemps conquis sa place au premier rang de celles qui seront l'honneur du xix° siècle.

MÉDAILLES D'OR.

M. Maunoir. — Rapports annuels sur les progrès de la géographie; c'est son œuvre comme Secrétaire général de la Société de géographie. Nous avons dit quelle en est la haute valeur.

M. Aymonnier, à qui nous devons de si belles études sur l'archéologie et l'ethnographie du pays des anciens Kmers, faites au cours de longues explorations en Indo-Chine, a exposé son *Voyage à Laos*.

Nous rencontrons M. Pavie partout où il est question de l'Indo-Chine. Les cartes de la mission Pavie figurent dans la Classe 14, au pavillon des Colonies, à l'entrée du temple kmer indo-chinois. Elles représentent une œuvre considérable. De 1879 à 1895, M. Pavie a exploré les régions qui s'étendent au nord du royaume de Siam, du Cambodge, jusqu'au Tonkin et au Yunnan. Ces explorations sont résumées dans les cartes exposées et surtout dans l'édition définitive de la carte au 1/1.000.000 de l'Indo-Chine orientale. M. Pavie s'est associé de nombreux collaborateurs, parmi lesquels nous signalerons MM. les capitaines Cupet, Friquegnon, de Malglaive, qui ont dressé la carte, après avoir pris part aux explorations.

M. Turquan représentait spécialement dans la Classe 14 la statistique ou pour mieux dire la géographie économique. Ses études, dont les résultats sont donnés par

2,000 cartes ou diagrammes, ont eu pour objet la répartition des phénomènes démographiques, sociaux, économiques, financiers, industriels, commerciaux, etc., dans les diverses circonscriptions de la France. Tels sont la densité et les mouvements de la population, proportions des sexes, mariages, naissances, migrations et les professions, les maladies, l'alcoolisme, les produits agricoles et industriels, la richesse, les budgets, les impôts. Ces divers renseignements sont figurés sur les cartes comme des reliefs et diversifiés par des teintes. On en extrait par d'ingénieuses combinaisons géométriques des résultats généraux, comme le sens des migrations, et on rend évidents les rapports de cause à effet qui rattachent entre eux certains des phénomènes sociaux. Ces travaux, depuis longtemps appréciés, ont été couronnés plusieurs fois par l'Académie des sciences; le Jury a constaté, à son tour, qu'ils offrent un puissant intérêt à tous les points de vue.

Mme Turquan, à qui a été décernée une médaille d'argent de collaborateur, parce qu'elle a été associée aux recherches de son mari, a exposé dans un album de statistique géographique le résultat de ses recherches personnelles sur les maladies et infirmités constatées par les conseils de revision sur les contingents appelés au service pendant les deux périodes, espacées de 50 ans, de 1836 à 1845 et de 1886 à 1895. Elle a pu faire ressortir ainsi les modifications qui se sont produites dans la répartition de certaines maladies.

M. Vidal de la Blache figurait à l'Exposition pour son bel *Atlas général de géographie* et aussi pour les *Annales de géographie,* dont il est un des rédacteurs.

M. Marcel Dubois a exposé ses ouvrages de géographie, en particulier l'*Album géographique* en collaboration avec M. Camille Guy.

M. de Margerie, un des rédacteurs des *Annales de géographie,* a exposé ses ouvrages de géologie et la traduction faite sous sa direction des deux premiers volumes de la *Face de la Terre,* d'Édouard Suess. On sait quelle sensation a produite dans le monde des géologues l'apparition de cet ouvrage de haute science et de larges aperçus. La traduction a été jugée digne de l'original.

M. Henri Vallot a présenté une partie de la *minute au 1/20.000 du massif du mont Blanc.* Frappé de l'insuffisance des cartes existantes, eu égard aux desiderata des savants et des alpinistes de nos jours, il s'est proposé, dès 1891, de concert avec son parent M. Joseph Vallot, de réunir les éléments d'une carte précise de la région du mont Blanc. Les deux collaborateurs ont entrepris une triangulation nouvelle, dont la base, longue de 1,785 mètres, a été mesurée dans la vallée de l'Arve, et qui a été vérifiée sur un côté de la triangulation italienne. La différence entre les deux valeurs de ce côté, qui était de 6,865 mètres, s'est réduite au chiffre insignifiant de 0 m. 11. M. Henri Vallot a déterminé 280 points trigonométriques dans la zone située au-dessous de 3,000 mètres d'altitude, et M. Joseph Vallot, par des stations dans la zone plus élevée, a ajouté 70 points à cette liste, qui en compte ainsi 350. Sur ce réseau, dont les positions et les altitudes ont été déterminées avec tout le soin possible, MM. Vallot ont appuyé leurs levés de détail. Dans les hautes régions glaciaires et rocheuses, ils ont employé la photographie; c'était la part de M. Joseph Vallot. Dans les plaines, il a fallu recourir à la planchette; M. Henri Vallot s'en est chargé. Le travail, qui se poursuit dans ces conditions, fera certainement honneur aux deux collaborateurs et offre le rare exemple d'un levé de précision exécuté par l'initiative privée.

M. Joseph Vallot, outre la part qu'il a prise au levé du mont Blanc et dont il vient d'être rendu compte, a fait, en partant de ce travail fondamental, une étude complète de la mer de glace. Les dimensions et les reliefs de ce grand glacier ont été déterminés exactement, soit une fois, soit deux fois par an, pendant neuf ans, de sorte qu'on a pu se rendre compte exactement de ses déplacements en divers sens, de la vitesse de ces déplacements. C'est une étude dont nous avons déjà eu l'occasion de signaler l'intérêt en parlant de l'exposition du prince Roland Bonaparte, qui était d'ailleurs toute voisine de celle de M. Joseph Vallot. Ce dernier nous a présenté, en outre, des levés topographiques au 1/1.000 d'une série de grottes des Causses de l'Hérault, avec coupe verticale; une carte géologique des parties les plus élevées des Pyrénées, du mont Perdu au pic du Midi d'Ossau, rectifiée d'après ses propres reconnaissances; des coupes géologiques en travers du mont Blanc, etc., le tout constituant un ensemble remarquable de travaux originaux et personnels.

M. Marcellin Boule est l'auteur de monographies géologiques très appréciées sur le Cantal et la Corrèze.

M. l'ingénieur Delebecque s'est adonné, comme on le sait, à l'étude des lacs français; il en a exploré personnellement plus de 150 et décrit un grand nombre d'autres. Ses recherches embrassent non seulement la forme, le relief immergé, la constitution géologique des lacs, mais encore leur régime hydraulique, la température de leurs eaux, leur composition chimique et celle des matières dissoutes. Les résultats de ces études ont été réunis dans un beau volume, *Les Lacs français,* où le texte est accompagné de vues, de cartes et qui se termine par un répertoire de plus de 400 lacs français. Cet ouvrage remarquable a été couronné par l'Académie des sciences.

M. Ludovic Drapeyron est mort depuis la clôture de l'Exposition, où figuraient les 46 volumes de la *Revue de géographie,* qu'il a fondée en 1877. C'est une véritable encyclopédie géographique; articles de fond, récits de voyage, nouvelles géographiques se succèdent dans les fascicules mensuels de la *Revue,* accompagnés de cartes. Dans cette publication, la part de M. Drapeyron est prépondérante; il a su obtenir le concours de savants les plus qualifiés.

Il a été en outre un des fondateurs et le secrétaire général de la Société de topographie.

Son nom restera attaché à ces créations et vivra dans le souvenir de tous ceux qui s'intéressent aux sciences géographiques.

M. L. Gallois, un des rédacteurs des *Annales de géographie,* s'est fait connaître par des travaux d'érudition très appréciés.

M. Alfred Martel, l'infatigable explorateur du sous-sol français, le créateur de la spéléologie, que nous avons déjà rencontré au Club alpin, a fait figurer des *Reliefs des Causses de Méjean,* spécimen des remarquables recherches auxquelles il se livre depuis près de vingt ans.

M. Marcel Monnier, auteur de l'*Itinéraire en Asie,* dont les lecteurs du *Temps* ont eu le plaisir de lire les récits sous le titre de *Tour d'Asie,* a parcouru, de 1894 à 1898, une grande partie du continent asiatique, le Cambodge, la basse Cochinchine, l'Annam, le Tonkin, la Chine, le Japon, la Corée, la Mongolie, en revenant par la Perse, le Caucase et la Russie; total, 32,000 kilomètres d'itinéraire, dont il a levé 13,581 kilomètres. M. Marcel Monnier s'était déjà fait connaître par des voyages en Amérique et en Afrique.

M. Le Commandant Toutée est connu par son voyage du Dahomey au Niger, qui a donné à notre expansion coloniale une étendue considérable et nous a fourni sur le cours du moyen Niger des notions certaines; ce voyage est représenté par un itinéraire de 2,000 kilomètres, dont 1,400 sur le fleuve même, parcouru en quelques mois.

MÉDAILLES D'ARGENT.

La mort de M. Christian Garnier a été un deuil pour la géographie et la linguistique. Ce jeune érudit, destiné à donner un nouveau lustre au nom que son père avait placé si haut dans l'art, a créé une *méthode de transcription des noms géographiques;* il a imaginé un alphabet permettant de transcrire les mots exprimés dans toutes les langues d'une manière phonétique et orthographique au moyen des caractères latins complétés par divers signes conventionnels. Le Jury a tenu à honorer sa mémoire.

M. Grenard a été le compagnon de Dutreuil de Rhins dans le voyage à travers l'Asie de 1891 à 1894, qui a coûté la vie à son chef. Il a publié le récit et les résultats de cette longue et pénible expédition qu'il a eu le mérite de terminer.

M. le Baron Hulot, qui est actuellement secrétaire général de la Société de géographie et à qui nous devons, depuis trois ans, les rapports annuels sur les progrès de la géographie, s'était fait connaître par d'intéressants travaux, parmi lesquels nous citerons une notice sur d'Entrecasteaux.

M. Paul Joanne est représenté dans la Classe 14, non seulement par les guides bien connus qui portent son nom, mais aussi par le *Dictionnaire géographique et administratif de la France,* réunion d'articles remarquables et très documentés, ceux qui concernent Paris en particulier.

M. Charles Michel a exposé les cartes et dessins de la mission de Bonchamps, dont il a fait partie, mission dont le programme était, en partant de Djibouti, d'aller donner la main à la mission Marchand. Si le but poursuivi n'a pu être atteint, la mission n'en a pas moins obtenu des résultats importants en faisant connaître de nouveaux territoires le long d'un itinéraire de 2,000 kilomètres.

M. Charles Rabot, qui est le secrétaire de la rédaction de la *Géographie,* s'est fait connaître depuis longtemps par ses explorations des régions montagneuses du nord de l'Europe.

M. Onésime Reclus a exposé les beaux ouvrages si attachants *La Terre, En France, Le plus beau Royaume du Ciel.*

M. Rousselet. — *Dictionnaire de géographie universelle.* — L'idée de cette œuvre magistrale est due à M. Vivien de Saint-Martin, qui en a rédigé le premier volume paru en 1879; les six autres volumes sont dus à M. Rousselet, qui en a groupé les éléments fournis par de nombreux collaborateurs et a terminé la publication en 1896.

M. Chantre. — *Mission en Cappadoce.* — S'est fait connaître par de nombreux voyages en Asie Mineure et dans le Caucase.

L'Institut des Frères des Écoles chrétiennes a présenté un ensemble important de cartes et d'atlas illustrés, de reliefs, destinés à l'enseignement. Il a beaucoup contribué à vulgariser les connaissances géographiques et topographiques en propageant des idées exactes sur le relief du sol.

Le frère Alexis Cochet, qui est l'auteur de ces utiles publications, a reçu, comme collaborateur, une médaille d'argent.

M. Maurice Loir, journal *Le Tour du monde.*

M. Claudius Madrolle a exposé un relief de l'île d'Haïnan et des cartes donnant la répartition des dialectes et des produits divers de l'île. Il avait auparavant fait d'importantes explorations en Chine, en remontant le fleuve Rouge et descendant le fleuve Bleu, et a dressé des cartes de la Chine méridionale qui font suite à celles de la mission Pavie.

M. de Morgan. — *Mission scientifique en Perse.* — C'est la relation d'une exploration très complète de la Perse au point de vue de la géographie, de l'ethnographie, de la climatologie, etc.

M. Raveneau, secrétaire de la rédaction des *Annales de géographie,* publie tous les ans un fascicule de bibliographie géographique, annexé à ce recueil.

M. Paul Pelet a exposé l'*Atlas des Colonies françaises*, qu'il a dressé par ordre du Ministère des Colonies. Ses cartes en couleur, accompagnées d'un texte, donnent tous les renseignements connus sur nos colonies. La première livraison de l'ouvrage, parue cette année, en donne la meilleure idée.

M. Paul Vuillot est l'auteur d'un important ouvrage, *L'Exploration du Sahara,* dans lequel il rend compte de tous les efforts faits pour percer les mystères du Sahara, tant par les étrangers que par les Français, dont le nombre augmente à mesure qu'on approche de l'époque actuelle. L'ouvrage est complété par une carte au 1/4.000.000 du Sahara et du nord de l'Afrique.

La Compagnie universelle du Canal maritime de Suez a exposé dans le Palais de la Navigation de commerce (Classe 33), un ensemble de documents géographiques ou topographiques, savoir : Carte du Delta du Nil et de l'isthme de Suez en 1900, au 1/125.000, la carte générale du canal en 1900, au 1/666.667, le plan relief du Canal maritime au 1/20.000 pour la longueur, mise à jour des établissements et des travaux divers et installations effectués dans les dernières années, des plans des villes et ports au 1/2.000 et des rades au 1/20.000 ; enfin de tableaux de statistiques du trafic, des recettes, des dépenses, des vues photographiques, etc.

Collaborateurs. — *Médaille d'argent.* M. Quellenec, ingénieur en chef de la Compagnie. — *Mentions honorables.* MM. Chaumelin, agent de la Compagnie, à Paris; de Rouvres, agent technique.

M. de Flotte de Roquevaire est l'auteur d'une *Carte du Maroc* au 1/1.000.000, résumant les levés déjà faits, parmi lesquels il convient de citer ceux du vicomte de Foucauld, du chef de bataillon du génie Le Vallois, de M. de la Martinière et du capitaine de Castries. La carte est accompagnée d'une notice.

M. Émile Gautier a reçu en 1895 une médaille d'or de la Société de géographie, pour un voyage de trente mois à Madagascar. Il a exposé dans le pavillon de la grande île une carte au 1/500.000.

M. Guillaume Grandidier, qui marche avec distinction sur les traces de son père, a présenté comme spécimen de ses travaux à Madagascar, un itinéraire de Tulléar à Fianarantsoa.

M. Charles Lemire a exposé ses cartes et ses ouvrages coloniaux dans les pavillons de l'Indo-Chine et de la Nouvelle-Calédonie, contrées qui ont fait l'objet de ses voyages et de ses études.

M. Heulhard, *Histoire de Villegagnon,* beau volume orné de cartes et de reproductions de vieilles estampes.

M. Maxime Mabyre a exposé, soit dans la Classe 14, soit au pavillon des Colonies, divers ouvrages, notamment une carte administrative de la France au 1/1.000.000, l'album des services maritimes français et étrangers, sous la direction de M. Levasseur.

M. LE Capitaine MALLETERRE, professeur à l'École supérieure de guerre, a publié, en collaboration avec M. Wart, un Atlas historique et, en collaboration avec M. le Capitaine Legendre, un livre-atlas des Colonies françaises.

La SOCIÉTÉ NATIONALE DES GÉOMÈTRES DE FRANCE présentait, dans une exposition collective intéressante, des états comparatifs de plans cadastraux, les uns graphiques, les autres chiffrés. En outre, 12 de ses membres, qui ont obtenu chacun une mention honorable, ont exposé des travaux particuliers consistant en plans de bornage de propriétés, de carrières, de détails de constructions et de ruines dans les villes, collections du journal des géomètres experts, constituant un ensemble de documents topographiques intéressants, donnant la meilleure idée des services rendus par les géomètres praticiens. Ce sont MM. Canivet, Colas, Coppeaux, Danger, Frère et Paré, Julliard, Mauger, Mouroux, Peltier, Pillet, Poisot, Tellier et Wicker.

MÉDAILLES DE BRONZE.

Parmi les exposants qui ont reçu des médailles de bronze, nous nous bornerons à citer deux collectivités.

La SOCIÉTÉ DE TOPOGRAPHIE PARCELLAIRE a exposé un spécimen de plans cadastraux montrant l'application de la méthode des coordonnées rectangulaires et de la tachéométrie de précision. Elle préconise avec raison la méthode des coordonnées rectangulaires employée dans la carte de Cassini, adoptée depuis cent ans par le Service hydrographique de la Marine et qui est entrée dans la pratique du Service technique cadastral. Sept membres de la Société ont reçu pour leurs expositions personnelles, trois des médailles de bronze : MM. Coutureau, Sanguet et Tranchart, et quatre des mentions honorables : MM. Besche, Bourdon, Bourgoin et Chevrier.

MISSIONS CATHOLIQUES. — Le Journal, les Annales et les publications géographiques de l'œuvre de la *Propagation de la Foi* sont exposés dans la Classe 14, sous le nom de M. Hamel. Les Annales sont publiées en treize langues, le Journal en sept langues; les cartes qui les accompagnent, comme primes, donnent notamment les emplacements des missions.

Mais c'est surtout dans le pavillon des Missions, au Trocadéro, que l'on peut se rendre compte de l'œuvre géographique des Missions catholiques, qui n'avait pas été signalée à l'attention du Jury. Nous avons remarqué d'abord l'*Atlas du haut Yang-Tsé* publié par le R. P. CHEVALIER, à l'Observatoire de Zi-Ka-Wei, à la suite de ses propres reconnaissances. C'est un vrai levé hydrographique du cours supérieur du fleuve Bleu, à partir de I-Tchang-Fou, port considéré précédemment comme la limite de la navigation à vapeur, jusqu'à P'ing-Chan-Hien, sur une longueur de 5oo à 6oo milles; 64 feuilles au 1/25.000 donnent tous les détails nécessaires à la navigation. L'atlas est accompagné d'une note sur la navigation à vapeur sur le haut Yang-Tsé. Ces cartes ont été reproduites par l'*Hydrographic Office* de l'Amirauté anglaise.

Il y a lieu de signaler, après cette œuvre originale de premier ordre, l'*Atlas des Missions*, publié par la Société des Missions étrangères, comprenant 27 cartes en cinq couleurs, accompagnées chacune d'une notice et donnant toute l'Asie, des Indes au Japon, et, à côté, diverses cartes de toutes les parties du monde, et des tableaux de statistique.

En terminant le compte rendu des travaux personnels, nous devons réparer un oubli en signalant une carte géologique très intéressante de M. Vasseur, sur laquelle l'attention du Jury n'a pas été appelée. Elle représente la région d'Aix-Marseille, à l'échelle du 1/20.000, et a pour base un agrandissement photographique de la carte d'État-Major.

ÉDITEURS.

HORS CONCOURS.

Les plus importantes maisons de publications géographiques sont représentées dans les jurys et par conséquent hors concours.

MM. Belin frères ont exposé des ouvrages de géographie, notamment les *Lectures géographiques* de M. Lucien Lanier.

La maison Delagrave est restée fidèle à son passé, et elle a donné à ses publications géographiques un essor considérable. Ses cartes, dessinées avec le plus grand soin par d'habiles artistes, sont reproduites par l'héliogravure sur des planches de cuivre en creux ou en relief et tirées, soit directement par le procédé de la taille-douce, soit par report lithographique, soit encore typographiquement au moyen du relief.

M. Delagrave publie notamment les ouvrages de M. le général Niox, de M. Levasseur, que nous avons énumérés, et en outre la *Carte au 1/200.000 du Ministère des travaux publics*; les ouvrages de M. A. Martel sur la spéléologie. Citons encore la *Carte hydrographique de la Seine entre Rouen et la mer au 1/10.000*, les *Villes antiques*, par M. Paul Auclair, panoramas et cartes murales réalisant la restauration d'Athènes, de Carthage, de Jérusalem et de Rome; les *Instruments de topographie automatique*, par M. le commandant Peigné.

Toutes ces publications portent la trace du soin consciencieux qui a présidé à leur exécution.

Collaborateurs. — *Médaille d'or.* M. Lejeaux, dessinateur. — *Médailles d'argent.* MM. Lecart, Tropé, dessinateurs. — *Médaille de bronze.* M. Deschyvère, dessinateur. — *Mention honorable.* M. Renard, dessinateur.

La maison Hachette a exposé le bel ensemble des productions, cartes, reliefs, ouvrages, qui lui conservent son rang parmi les premiers établissements géographiques de tous les pays. On sait qu'elle a organisé, sous la direction de M. Schrader, un bureau géographique qui recueille et discute les renseignements de toutes provenances fournis d'abord par une bibliothèque et une collection de cartes très complètes. En outre, des archives ont été constituées en vue de la préparation des cartes de l'*Atlas universel de Vivien de Saint-Martin,* dont M. Schrader poursuit l'achèvement; sur 85 cartes prévues, 60 sont actuellement terminées. La Terre a été divisée en 180 zones, représentées par des minutes, sur lesquelles ont été portées toutes les indications provenant de levés ou explorations, accompagnées d'appréciations critiques permettant par comparaisons d'éliminer les erreurs. En même temps, on a établi une nomenclature soigneusement corrigée et mise à jour. On est arrivé ainsi à produire une œuvre originale n'empruntant rien aux publications antérieures.

Ces archives sont d'ailleurs mises à la disposition des voyageurs, avec qui on étudie à l'avance les problèmes à résoudre.

La maison Hachette a utilisé ces ressources précieuses pour offrir au public des ouvrages moins coûteux que l'Atlas universel, savoir : l'*Atlas de géographie moderne* de MM. Schrader, Prudent et Anthoine, dont la traduction allemande en est à sa seconde édition; l'*Atlas de géographie historique,* sous la direction de M. Schrader, avec la collaboration de MM. Maspero, Guiraud, Longnon, etc.

En regard des cartes, figuraient un *Globe terrestre* de 2 mètres de diamètre et un *relief de la France au 1/200.000* à la même échelle pour la planimétrie et les hauteurs, donnant un aspect sincère et nouveau de notre pays, reliefs modelés l'un et l'autre par M. Chardon, sous la direction de M. Schrader.

Rappelons que la maison Hachette édite la *Carte au 1/100.000 du Ministère de l'intérieur.*

Parmi les ouvrages qu'elle a présentés, figuraient la *Géographie universelle* de M. Élysée Reclus, le *Dictionnaire de géographie universelle* entrepris par Vivien de Saint-Martin, continué et achevé par M. Rousselet; le *Grand Dictionnaire politique et administratif de la France* de M. Paul Joanne; le *Guide Joanne*; le *Tour du monde*; un grand nombre de récits de voyages, etc. Une mention spéciale est due à sa publication périodique l'*Année cartographique,* recueil unique dans son genre qui, tous les ans, fournit les indications nécessaires pour tenir à jour les atlas et autres publications géographiques.

Collaborateurs. — *Médaille d'or.* M. Aïtoff. — *Médailles d'argent.* MM. Baggi, Chesneau, Huot. — *Médailles de bronze.* MM. Chardon, Weinreb. — *Mention honorable.* M. Bolzé.

MÉDAILLES D'OR.

M. Barrère a exposé une *Carte de France* au 1/400.000, en quinze feuilles, la *Carte au 1/50.000 des environs de Paris* et diverses autres publications, parmi lesquelles celles du Service géographique des Colonies, dont il est l'éditeur, la *Carte du Maroc* de M. Flotte de Roquevaire.

Ajoutons que M. Barrère s'est acquis des droits à la reconnaissance des exposants de de la Classe 14 et du Jury par les soins qu'il a apportés, comme trésorier du Comité d'installation, à l'organisation de l'exposition et par les heureuses dispositions qu'il a réalisées.

COLLABORATEURS. — *Médailles de bronze.* MM. LAFOLYE, BATAILLE, dessinateurs.

La maison ARMAND COLLIN a perdu, pendant la durée de l'Exposition, son chef, à qui la géographie doit beaucoup. Elle a exposé les Atlas de M. Vidal de la Blache, les *Annales de géographie*, publiées sous la direction de MM. Vidal de la Blache, L. Gallois et de Margerie, et accompagnées de la *Bibliographie géographique* annuelle de M. Raveneau: l'*Atlas des colonies françaises* de M. Paul Pelet; l'*Album géographique* de MM. Marcel Dubois et Camille Guy; les *Cours de géographie Foncin*, enfin les deux premiers volumes de la traduction de la *Face de la Terre* de Suess, dirigée par M. de Margerie, pour ne citer que les publications les plus importantes.

COLLABORATEURS. — *Médailles d'argent.* MM. Eugène LETOT, dessinateur; Georges CHATELIN, chef de fabrication.

M. GAUTHIER-VILLARS a exposé ses publications astronomiques, si intéressantes pour la géographie, et d'abord la *Connaissance des temps*, l'*Annuaire du Bureau des longitudes*, les *Annales de l'Observatoire de Paris* et de divers observatoires de province. Citons encore la *Théorie des marées* de M. Maurice Lévy, la *Mécanique céleste* de Tisserand, l'*Étude des trombes* de M. Faye, etc., tous ouvrages ayant besoin de la perfection typographique qui est de tradition dans cette maison.

M. CHALLAMEL a la spécialité des cartes coloniales; il a fait figurer ses productions récentes, soit à la Classe 14, soit surtout dans les divers pavillons des colonies. Il y a lieu de citer la *carte de la Nouvelle-Calédonie* au 1/100.000, dressée pour le compte de l'Union agricole calédonienne par le commandant Laporte, en 8 feuilles G. A. tirées en cinq couleurs; la *Carte de l'Indo-Chine de la mission Pavie* au 1/100.000, 4 feuilles G. A., quatre couleurs; la réduction de cette carte au 1/2.000.000; la nouvelle édition de la *Carte de Cochinchine* au 1/400.000 du commandant Koch, revisée par le commandant Friquegnon; la *Carte du nord de l'Afrique* de M. P. Vuillot; l'*Itinéraire de Majunga à Tananarive* par Laillet et Suberbie au 1/40.000. D'autres cartes coloniales sont en cours d'exécution.

La maison Challamel édite, en outre, de nombreuses publications géographiques accompagnées de cartes et d'atlas.

COLLABORATEURS. — *Médaille d'argent.* M. HAUSERMANN, graveur. — *Médailles de bronze.* MM. DESFOSSÉS, MORLOT, graveurs.

MM. Gaultier et Magnier ont exposé des cartes murales gravées sur zinc, des hélio-gravures de la *Carte du ciel* et les divers procédés employés par le Service technique du Cadastre pour le levé, la mise au net et la reproduction des plans. Ils ont fait exé-cuter un théodolite photographique destiné à ces opérations et une machine à graver la lettre sur les planches de cuivre, de zinc ou les pierres.

Collaborateurs. — *Médailles de bronze*. MM. Gaultier fils et Cuénot.

MÉDAILLES D'ARGENT.

M. Ernest Leroux a exposé divers ouvrages et publications géographiques, notam-ment les rapports de la mission Pavie, les ouvrages de MM. Maunoir, Aymonnier, Dutreuil de Rhins.

M. Bertaux a exposé une collection intéressante d'atlas, de globes géographiques, de globes célestes : à citer les globes de la Lune et de Mars de M. Flammarion.

GRAVEURS ET IMPRIMEURS.

GRANDS PRIX.

M. Emile Delaune, élève de Collin, est, en dehors du personnel du Service géogra-phique de l'armée, le représentant le plus qualifié de la gravure en taille-douce. Il est chargé des reproductions les plus importantes du Service hydrographique de la Marine et grave en outre, pour la maison Hachette, les planches de l'*Atlas Vivien de Saint-Martin et Schrader*. Ce sont des travaux de genres très différents, les cartes marines étant à de grandes échelles et celles de l'atlas Hachette à très petite échelle au con-traire. En les exécutant également bien, M. Delaune fait preuve d'une grande sou-plesse de talent. Citons parmi ses planches du Service hydrographique, celles de la Corse au 1/35.000, de la carte générale de la Corse au 1/230.000. Cette dernière, surtout, produit un excellent effet. L'éloge des cartes de l'Atlas n'est plus à faire.

La maison Ehrard a présenté un ensemble considérable de travaux continués ou en-trepris depuis 1889, savoir : *la carte de France au 1/100.000 du Ministère de l'intérieur, la carte géologique de France au 1/80.000 du Ministère des travaux publics, la carte des che-mins de fer au 1/1.000.000 du Ministère des travaux publics*, diverses cartes du Ministère des colonies, diverses cartes et atlas pour les maisons Hachette et Barrère, enfin des cartes commandées par des gouvernements étrangers : Mexique, Brésil, République Argentine, Pérou.

MM. Ehrard continuent à employer leur procédé de report de la gravure sur pierre sur des planches de cuivre, commodes à conserver et à envoyer au loin. Ils réalisent aussi des clichés typographiques sur zinc donnant tous les tirages, sauf ceux de certaines teintes qu'on obtient par des reports ordinaires.

Collaborateurs. — *Médaille d'argent.* M. Arthur Rouault. — *Médaille de bronze.* M. Louis Aubry, graveur.

MÉDAILLES D'OR.

M. Dufrénoy imprime l'*Atlas Vivien de Saint-Martin et Schrader,* le noir en taille-douce à la machine et les autres couleurs par report sur le papier humide pour assurer les repérages. Il tire aussi les planches en deux couleurs et en taille-douce de l'*Atlas des ports de France du Ministère des travaux publics.* Ce sont des opérations qui exigent de l'habileté.

Collaborateur. — *Médaille d'argent.* M. Borremans.

M. Würrer, graveur sur pierre et sur zinc, a été chargé de la reproduction des plans de la ville de Paris et du département de la Seine. Il a gravé la *Carte géologique de France* au 1/80.000. Il a exposé de beaux spécimens de ces cartes en couleurs.

Collaborateur. — *Médaille d'argent.* M. Wieme.

MÉDAILLE D'ARGENT.

M. Alphonse Simon a gravé une partie de la *Carte au 1/100.000 du Ministère de l'intérieur,* l'*Album de statistique graphique du Ministère des travaux publics,* l'*Atlas des colonies* de M. Paul Pelet, le *Grand Atlas Vidal de la Blache,* les *Atlas Foncin,* etc.

Collaborateur. — *Médaille de bronze.* M. Eugène Ruzé.

COLONIES FRANÇAISES ET PAYS DE PROTECTORAT.

Les plus importants des travaux et productions géographiques intéressant nos colonies et pays de protectorat figuraient, comme on l'a vu, dans la section française proprement dite, soit au pavillon des Colonies, parce qu'ils ont été faits en général aux frais et par les soins des administrations métropolitaines. Nos colonies ne se sont pas néanmoins désintéressées des travaux géographiques; on pourra en juger par les œuvres dues à l'initiative locale que nous allons examiner.

ALGÉRIE.

MÉDAILLES D'ARGENT.

Le GOUVERNEMENT GÉNÉRAL a exposé une *carte en relief de l'Algérie* au 1/200.000 pour les surfaces et à une échelle triple pour les hauteurs. Il a été tenu compte de la courbure de la terre.

COLLABORATEUR. — *Médaille de bronze.* M. MOLINER VIOL.

Diverses cartes administratives et la carte géologique de l'Algérie au 1/800.000, qui figuraient dans le pavillon de la colonie, n'ont pas été soumises au jury.

M. JOURDAN, libraire éditeur à Alger, a exposé une collection de cartes et plans gravés et tirés dans ses ateliers, en particulier la carte géologique du bassin de la Tafna.

TUNISIE.

MÉDAILLE D'OR.

La DIRECTION GÉNÉRALE DES TRAVAUX PUBLICS, *service topographique,* a exposé des cartes et plans d'immatriculation.

Le SECRÉTARIAT GÉNÉRAL DU GOUVERNEMENT TUNISIEN a reçu une mention honorable pour une carte des divisions administratives et un volume donnant la nomenclature et la répartition des tribus.

On remarquait en outre dans le pavillon tunisien des cartes forestières, agronomiques, archéologiques.

SÉNÉGAL.

MÉDAILLES D'ARGENT.

SECRÉTARIAT DU GOUVERNEMENT GÉNÉRAL DE L'AFRIQUE OCCIDENTALE. — Graphiques, diagrammes et notices.

M. BOURNAS, commis des affaires indigènes, détaché au Service géographique du Gouvernement général, a exposé une carte du Sénégal au 1/200.000 et diverses cartes ethnographiques ou administratives.

Une mention honorable a été décernée à M. BOIROUX (*Frère Marie-Bernard*) directeur de l'école secondaire de Saint-Louis, pour un cours et un atlas de géographie.

CONGO.

MÉDAILLE D'ARGENT.

M. COURTRY, *carte du Congo français et du Haut Oubanghi.*

Une médaille de bronze a été décernée à M. PAYEUR DIDELOT pour sa *Carte murale du Congo.*

MADAGASCAR.

Le pavillon de Madagascar renfermait un grand nombre de documents géographiques qui montrent que l'exploration de la grande île est poursuivie avec activité depuis le début de l'occupation française.

MÉDAILLE D'OR.

Le Service géographique de Madagascar a publié à Tananarive une carte au 1/2.500.000, une carte donnant les cours d'eau au 1/400.000 et une carte de la triangulation au 1/1.000.000 comprenant les travaux des RR. PP. Roblet et Colin et de l'État-Major du corps expéditionnaire. Il a exposé en outre un plan de Tananarive au 1/5.000 et diverses feuilles d'une carte au 1/100.000 en courbes à l'équidistance de 25 mètres et en couleurs; une carte au 1/500.000 dressée par le capitaine Merienne Lucas, qui a pris une part importante aux opérations; enfin un ensemble de levés au 1/100.000 par le même officier et le capitaine Bihault. Il faut encore citer du capitaine Merienne Lucas un grand plan relief au 1/500.000 exécuté par M. Hansen.

MÉDAILLE D'ARGENT.

La Mission catholique des Frères de Tananarive a exposé divers reliefs, dont l'un des environs de Tananarive, à l'échelle de 1/100.000 pour les surfaces et à une échelle triple pour les hauteurs. Ces reliefs ont été faits par les élèves, sous la direction des professeurs.

Une médaille de bronze a été décernée à l'Administration du 4ᵉ territoire militaire de Madagascar pour des cartes topographiques et des tableaux de statistique.

Nous devons signaler encore d'autres documents géographiques qui n'ont pas été soumis au Jury, savoir: les plans de détail du service topographique et des domaines et les études topographiques très complètes de la mission dirigée par le colonel Roques pour l'établissement d'un chemin de fer de Tamatave à Tananarive, l'itinéraire de Majunga à Tananarive par les officiers du corps expéditionnaire de 1895, enfin une carte de M. Gautier que nous avons déjà citée.

LA RÉUNION.

Une mention honorable a été décernée à M. Naturel pour une carte routière de l'île.

CÔTE DES SOMALIS.

Une médaille de bronze a été décernée à M. Tristan Lacroix pour un plan en relief du chemin de fer éthiopien exposé au Champ de Mars dans le Palais du Génie civil.

INDO-CHINE.

MÉDAILLE D'OR.

Gouvernement général, Service géographique. — Ce service, qui se développe peu à peu, a exposé une carte au 1/500.000 publiée en Indo-Chine et dressée au moyen de tous les documents connus.

Nous retrouvons dans l'exposition de l'Indo-Chine les cartes de la mission Pavie.

NOUVELLE-CALÉDONIE.

L'Union agricole calédonienne a fait dresser par le commandant Laporte un plan relief au 1/40.000 pour les surfaces et au 1/20.000 pour les hauteurs, et par le même auteur une carte au 1/100.000 en 8 feuilles, 5 couleurs, avec courbes de 50 en 50 mètres,

Une médaille de bronze a été décernée à M. le commandant Laporte.

On remarquait en outre dans le pavillon de la Nouvelle-Calédonie une *carte de la colonisation* au 1/107.000 indiquant les centres de colonisation et les terrains miniers.

SECTIONS ÉTRANGÈRES.

EUROPE.

ALLEMAGNE.

Le Jury n'a été appelé à examiner que les expositions des éditeurs et libraires qui figuraient dans le pavillon de l'Allemagne. Il a considéré comme exposants les géographes dont les œuvres étaient comprises dans ces collections et il a décerné :

Un GRAND PRIX à M. le baron DE RICHTHOFEN pour ses travaux géologiques et géographiques sur la Chine.

Une MÉDAILLE D'OR à M. Richard LEPSIUS pour ses cartes géologiques, parmi lesquelles celle de l'empire d'Allemagne au 1/500.000.

Une MÉDAILLE D'ARGENT à M. Th. REHBOCK pour son ouvrage sur l'Afrique allemande du Sud-Ouest.

GRAND PRIX.

La célèbre maison Justus PERTHES de Gotha nous a montré sa riche collection d'atlas et d'ouvrages variés :

Mitteilungen du docteur Petermann, par le professeur Supan ; *Atlas physique de Berghaus; Carte de l'Empire allemand* au 1/500.000, par C. Vogel ; *Carte géologique de l'Empire allemand* au 1/500.000, nouvelle édition par le docteur Richard Lepsius ; le *Planisphère terrestre* de Paul Langhans ; l'*Atlas de Stieler;* la *Carte du monde* du docteur Hermann Berghaus ; la *Carte d'Afrique* au 1/4.000.000 d'Hermann Habenicht, etc.

MÉDAILLE D'OR.

M. REIMER DIETRICH édite les œuvres de M. de Richthofen, dont il a exposé l'*Atlas orographique et géologique de la Chine* au 1/750.000 et l'ouvrage plus récent sur le Shantung et Kiao-Tchéou ; les cartes de H. Kiepert, le *Deutch Sud-West Africa* de M. Th. Rehbock. Il est l'éditeur des *Cartes de l'Amirauté allemande.* Enfin il a exposé une très belle *Carte géologique internationale* de l'Europe au 1/1.500.000.

MÉDAILLES D'ARGENT.

MM. VELHAGEN et KLASING, de Leipzig, ont exposé de beaux atlas.

M. KUNZ, directeur de l'Asile des aveugles de Illzaïh-Mülhausen : *Cartes en relief pour aveugles.*

Le Gouvernement allemand a participé officiellement à l'Exposition dans la classe du Génie civil, où on a pu voir une belle carte des dunes de l'Allemagne, des atlas et volumes consacrés aux fleuves, le Rhin, l'Oder, l'Elbe, etc.; une carte du canal de Kiel; les plans de Pillau, de Hambourg. De même, dans le groupe de l'Agriculture figuraient de belles cartes agricoles ou relatives aux travaux de l'Hydraulique agricole, cartes d'origine officielle.

AUTRICHE.

MÉDAILLE D'OR.

La Société géographique impériale et royale a exposé ses publications annuelles en 41 volumes, le premier de 1857, accompagnés de belles cartes en couleurs.

MÉDAILLE D'ARGENT.

M. Weinek, directeur de l'Observatoire de Prague, présentait des photographies lunaires.

Une médaille de bronze a été décernée à MM. Freytag et Berndt, éditeurs, pour leurs cartes en couleurs, dont les reliefs sont très bien figurés.

La participation de l'Autriche était bien plus importante dans les groupes du Génie civil, de l'Agriculture et des Forêts. On a pu remarquer dans le premier des études intéressantes d'hydrographie fluviale, celles du bassin du Danube notamment; dans le groupe VII figurent des cartes géologiques et agricoles et dans le groupe IX d'importantes cartes forestières.

BELGIQUE.

La Belgique n'était représentée dans la Classe 14 que par un très petit nombre d'éditeurs, dont l'un, M. Eugène Carniaux, a reçu une médaille de bronze pour ses cartes pratiques destinées aux cyclistes.

Mais nous retrouvons nos voisins dans la métallurgie, où le Gouvernement belge a exposé sa belle carte géologique; au Génie civil, où étaient exposés divers documents et en particulier les plans du port en construction de Zee-Bruges et du canal qui le relie à Bruges. Dans le groupe de l'Agriculture figurent des cartes agricoles.

BULGARIE.

L'Institut cartographique de l'État-Major, à Sofia, a reçu une médaille d'or pour ses travaux. Il présentait notamment un *Plan de Pernick* au 1/12.500.

Une médaille d'argent a été décernée à M. Kovatchoff, éditeur à Sofia, pour ses cartes d'enseignement et son bon petit atlas.

Des médailles de bronze ont été décernées à M. Danoff (*Carte géographique de la Bulgarie*) et à M. le capitaine Touykoff (*Relief du camp fortifié de Plevna*).

DANEMARK.

Deux exposants sont inscrits dans la Classe 14.

La maison Aamodt Axel, de Copenhague, à qui a été attribuée une médaille d'argent, a des ateliers de lithographie et d'impression; elle a exposé de petites cartes en couleurs finement tirées.

M. le lieutenant-colonel Axel Staggemeier a reçu une médaille de bronze pour des cartes donnant un canevas quadrillé et le dessin de la planimétrie, destinées à recevoir d'autres indications sur les différents sujets qu'embrasse la géographie.

Le Danemark était officiellement représenté dans le groupe de l'Agriculture par de belles cartes géologiques, agronomiques, météorologiques, économiques, qui n'ont pas été soumises au jury de la Classe 14.

ESPAGNE.

Les cartes inscrites au catalogue au titre de l'Espagne n'étaient pas exposées dans les locaux de la Classe 14. Les plus importantes semblent avoir figuré à la Classe 119 (groupe des Armées de terre et de mer). Le Jury n'a vu qu'un grand planisphère céleste de 1 m. 70 de diamètre exposé dans le pavillon annexe de l'Espagne (avenue de Suffren), par M. Torres Tirado, qui a reçu une médaille d'argent.

L'Espagne était mieux représentée dans le groupe du Génie civil par diverses études pour travaux publics, parmi lesquelles un plan de la rade et de la rivière de Bilbao.

GRANDE-BRETAGNE.

GRANDS PRIX.

L'Ordnance Survey Department a exposé des spécimens de ses belles cartes aux échelles du 1/253.448 et 1/63.360, des plans à très grande échelle d'un certain nombre de villes. Les cartes sont gravées en taille-douce. Certaines, toutefois, sont traitées en lumière oblique et en couleurs d'un bel effet.

L'Hydrographic Department, Admiralty présentait un petit nombre de cartes donnant bien l'idée des travaux qu'il poursuit avec des ressources qui ne sont égalées dans aucun autre pays. D'abord un planisphère terrestre donnant les profondeurs des mers, quelques indications sur les reliefs des continents, les courbes d'égale déclinaison; une *Carte des îles Fiji*, un *Plan de l'atoll Funafuti;* enfin une minute au 1/15.840 du *Levé hydrographique du Firth of Forth* exécuté en 1898 par le capitaine W. Usborn

Moore, indiquant un travail de sondages très serré. L'*Hydrographic Department* participe en outre à l'exposition du *Meteorological Council.*

Le Royal Observatory de Greenwich a présenté des cartes et diagrammes, des photographies d'études de nébuleuses, des taches du Soleil, d'éclipses.

Le Geological Survey a exposé la *Carte géologique du pays de Galles* au 1/253.440, celles des *Iles de Wight et de Man* au 1/63.360 et des coupes géologiques.

Le Meteorological Council exposait un ensemble de cartes météorologiques donnant les vents, les pressions barométriques, l'état de la mer, des bulletins de prévision du temps et en outre un ensemble de cartes de météorologie nautique (vents et courants dans les divers océans), destinées aux navigateurs et comprises dans le catalogue de l'*Hydrographic Office.*

MÉDAILLES D'OR.

Sous le nom de M. Rücker, de la Société royale de Londres, nous trouvons une belle collection de cartes magnétiques, donnant la déclinaison, l'inclinaison, la force horizontale dans les différentes parties du Royaume-Uni et montrant les rapports qui existent entre la constitution géologique et les phénomènes magnétiques.

Une médaille d'or a été décernée à la maison d'éditions géographiques W. Johnston pour les cartes qu'elle fait graver et imprimer dans ses ateliers, ainsi que pour ses globes. A signaler une carte d'Écosse en seize feuilles au 1/190.000.

COLONIES ANGLAISES.

Le Gouvernement général du Canada a reçu une médaille d'or pour l'ensemble de ses travaux géographiques résumés dans une grande carte manuscrite au 1/800.000 reposant sur les opérations géodésiques de M. Deville et dessinée par M. Desroziers. Une très belle collection de cartes topographiques et géodésiques complète cette exposition.

Collaborateurs. — *Médaille d'or.* M. Deville. — *Mention honorable.* M. Desroziers.

Une médaille d'argent a été décernée à M. Taché, député, ministre du Gouvernement de Québec, pour une carte minière de cette province.

Dans le pavillon de Ceylan, des cartes agricoles et des cartes météorologiques ont valu au Surveyor général de cette île une médaille d'argent.

Une médaille d'argent a été attribuée au Gouvernement de l'Australie occidentale pour sa carte au 1/1.500.000 donnant les districts aurifères et des renseignements agricoles.

GRÈCE.

MÉDAILLE D'ARGENT.

Le Jury n'a eu a examiner que les travaux de M. Chysochoos, qui a fait, avec ses propres moyens, des levés intéressants en Macédoine. Il a dressé une carte au 1/400.000 de cette contrée, une carte du théâtre de la dernière guerre au 1/30.000 et une carte des environs de Salonique au 1/100.000, éditée à Athènes.

A signaler, dans le pavillon de la Grèce, une carte géologique du Laurium, non présentée au Jury.

HONGRIE.

La Société hongroise de géographie a reçu une médaille d'argent pour l'ensemble de ses publications, auprès desquelles elle a exposé un planisphère, sur lequel ont été tracés les itinéraires parcourus par des explorateurs hongrois, depuis l'an 1235 jusqu'à nos jours.

Le premier en date de ces voyageurs est le frère dominicain Julien, qui traversa, de 1235 à 1237, la région comprise entre la mer Noire et la mer Caspienne.

Collaborateur. — *Médaille de bronze.* M. A. de Berecz.

Une médaille de bronze a été décernée au docteur Michel Tóth pour ses tableaux géologiques et ses reliefs.

C'est surtout en dehors de la Classe 14 que le Gouvernement hongrois a manifesté son activité en présentant un grand nombre de documents géographiques très importants qui n'ont pas été soumis au Jury.

Dans le groupe de l'enseignement, nous trouvons un relief des pays de la couronne de Hongrie; de grandes et belles cartes exposées par un éditeur géographe de Budapest, M. Koculovicz; dans le Génie civil, les cartes et les tableaux du nivellement de précision, les travaux du cadastre appuyés sur la triangulation du bureau trigonométrique royal hongrois. Dans les autres groupes ont été exposés des cartes géologiques, agronomiques, forestières, des documents très précis sur le régime du Danube et celui de la Tisza. C'est un ensemble considérable qui montre quelle part la Hongrie prend au mouvement géographique.

ITALIE.

L'Italie n'était pas représentée officiellement dans la Classe 14, où le Jury n'a trouvé à récompenser que l'éditeur Paravia, de Turin, qui a reçu une médaille d'argent pour son intéressante collection de cartes et de reliefs.

Mais l'attention du Jury a été attirée sur les travaux du CADASTRE ITALIEN exposés dans la Classe 29 (groupe du Génie civil) et auxquels elle a donné un GRAND PRIX.

Lors de la proclamation du Royaume d'Italie en 1861, les divers États, qui le composaient, possédaient des cadastres plus ou moins complets, différant absolument les uns des autres. En vue de réaliser l'uniformité et la péréquation de l'impôt foncier, diverses solutions provisoires furent d'abord adoptées, puis une loi du 1er mars 1886 prescrivit l'exécution d'un nouveau cadastre reposant sur des opérations géométriques et offrant toutes les garanties d'exactitude. Les travaux, commencés au début de l'année 1888, ont été poursuivis par les procédés les plus perfectionnés; ils ont pour base les déterminations trigonométriques de l'Institut géographique militaire. Une notice expose les résultats obtenus. L'échelle normale du cadastre italien est le 1/2.000. Pour les petites parcelles, elle est du 1/1.000, du 1/500 ou même du 1/400. Chaque feuille porte un carroyage en décimètres dont les côtés sont parallèles les uns à la méridienne, les autres à la perpendiculaire d'un point situé sur le territoire de la commune. Les points déterminés sont calculés et placés par coordonnées rectangulaires au moyen du cardinatographe. Les diverses feuilles d'une même commune sont réunies en un plan d'assemblage au 1/25.000, sur lequel on porte les voies de communication et les cours d'eau et qu'accompagne un tableau indicatif. Enfin les plans une fois dessinés sont reproduits par l'héliographie sur zinc. Les opérations se poursuivent à divers degrés d'avancement dans toutes les provinces du royaume. A la date du 31 octobre 1899, 3,834 communes sur 8,382 possédaient des plans du nouveau cadastre.

L'Italie était aussi très bien représentée dans le groupe des Mines par les cartes de l'Institut royal géologique et dans celui du Génie civil par les plans des grandes villes de l'Italie: Rome, Naples, Gênes, Turin, Palerme, Milan, en 1900 et à une époque antérieure, 1860, sauf Turin 1848 et Rome 1870. Ces plans, à l'échelle de 1/2.000, sauf celui de Milan qui est au 1/5.000, montrent l'accroissement de ces capitales.

LUXEMBOURG.

MÉDAILLE D'ARGENT.

M. HANSEN, le cartographe bien connu, a dressé une carte du Grand-Duché au moyen des plans cadastraux appuyés sur des déterminations trigonométriques que l'auteur a raccordées par des tours d'horizon. Les minutes sont dessinées au 1/20.000, et la carte comprendra 15 feuilles au 1/50.000, tirées en cinq couleurs, dont des spécimens sont exposés et produisent un excellent effet.

NORVÈGE.

GRAND PRIX.

Le SERVICE GÉOGRAPHIQUE DE NORVÈGE avait une exposition intéressante : d'abord une carte des opérations trigonométriques exécutées depuis 1866, avec l'indication de sept bases, en particulier celles de Christiania et de Levanger, qui ont servi à la mesure de l'arc de méridien de Palerme à Trondjem; un spécimen de cartes topographiques au 1/200.000 en courbes; une planche de cuivre de la carte au 1/100.000 en courbes, le figuré du terrain estompé sur zinc par un procédé spécial; la minute du levé du glacier Svartisen par le capitaine Paulsen, avec une aquarelle représentant les opérations; deux cartes marines des côtes de Norvège au 1/50.000; enfin une carte des fonds de la mer au 1/2.400.000.

MÉDAILLES D'OR.

Le Bureau central de statistique a exposé des tableaux relatifs à la population et au mouvement de la navigation en différents pays, de 1850 à 1900, tant pour la marine à voiles que pour la marine à vapeur.

Institut météorologique de Norvège. Tableaux graphiques sur le climat du pays, résultant d'observations faites en 456 stations, dont 350 consacrées à des mesures pluviométriques.

Collaborateur. — *Médaille d'argent.* M. Axel Sten.

Une médaille de bronze a été attribuée à M. Henri Lindgaard pour ses cartes de répartition servant au partage et au bornage des propriétés foncières.

Le Service géologique de Norvège a exposé au Palais de la Métallurgie sa carte qui n'a pas été soumise au Jury; il en a été de même d'autres cartes exposées dans le pavillon de la Norvège.

PAYS-BAS.

GRAND PRIX.

L'Institut topographique militaire des Pays-Bas a exposé différentes feuilles de ses cartes au 1/25.000 et au 1/50.000, et la très belle carte au 1/100.000 de l'île de Java, tirée par le procédé dû à M. Eckstein, son directeur. L'Institut présente également des cartes marines reproduites par le procédé rapide de l'autophotographie sur aluminium avec des lettres typographiées au moyen d'une machine spéciale sur le calque qui sert de .cliché.

Collaborateurs. — *Médailles d'or.* MM. Kideroff, van den Brandeler, Vermaus.

Dans la Classe 29 du Génie civil, le Gouvernement hollandais exposait une remarquable collection de cartes à grande échelle des ports et fleuves de la Hollande à diverses époques, montrant les résultats des travaux d'amélioration, notamment des plans du cours inférieur du Rhin et de la Meuse au 1/5.000 ou au 1/10.000.

INDES NÉERLANDAISES.

GRAND PRIX.

Le Service topographique de Batavia a entrepris le levé complet des Indes néerlandaises reposant sur une triangulation, partout où les opérations de ce genre sont possibles, et des déterminations astronomiques dans les autres régions. Ce Service fait dans ses ateliers le tirage de la plupart de ses cartes. Les levés terminés pour Java se poursuivent maintenant dans les îles de Sumatra et de Bornéo. Étaient exposées : la carte topographique de la résidence de Kediri à Java, au 1/20.000 en 214 feuilles photolithographiées en deux couleurs, courbes à équidistances de 10 mètres; une carte générale au 1/250.000; des cartes de Bornéo au 1/200.000 et au 1/2.000.000; des cartes de Sumatra au 1/20.000, au 1/40.000 et au 1/80.000; des cartes des autres îles de la Sonde, voisines de Java, et de la partie néerlandaise de la Nouvelle-Guinée. Signalons encore un relief à gradins d'une partie de l'île de Sumatra à l'échelle de 1/20.000 pour les longueurs et pour les hauteurs.

MÉDAILLE D'OR.

Le SERVICE HYDROGRAPHIQUE DES INDES NÉERLANDAISES a exposé des portefeuilles contenant 72 cartes marines de l'Archipel de la Sonde. Ces cartes, résultant de levés faits par un bâtiment hydrographe de la colonie, sont publiées à la Haye par le service hydrographique de la métropole; elles sont gravées économiquement.

Dans le même pavillon étaient exposés un grand nombre d'ouvrages remplis de renseignements sur les Indes néerlandaises, les cartes météorologiques de l'Observatoire royal de Batavia, une carte des cultures et une carte géologique de Java.

PORTUGAL.

GRAND PRIX.

La DIRECTION GÉNÉRALE DES SERVICES GÉODÉSIQUE ET TOPOGRAPHIQUE a exposé la carte du Portugal au 1/100.000, exécutée de 1887 à 1898, et comprenant 37 feuilles. Les planches de cet important travail sont inégalement gravées.

COLLABORATEURS. — *Médailles d'or.* MM. le comte d'AVILA, COSTA (Carlos-Henrique), REIS (Antonio-Maria). — *Médailles d'argent.* MM. BORGÉS (José), MARTINOS (Agostino-Alvez), QUADROS (Luiz-Maria), VISCOSO (Julio-Cesar). — *Médailles de bronze.* MM. ALVES (Cristobal), CARVALHO (Augusto), MALTEZ (Manoel), MENDOZA (Jacintho).

MÉDAILLES D'OR.

La COMMISSION DE CARTOGRAPHIE D'OUTRE-MER a exposé dans le pavillon des colonies portugaises, au Trocadéro, diverses cartes des îles du cap Vert, de Mozambique et autres régions, accompagnées de quelques plans hydrographiques.

COLLABORATEUR. — *Médaille d'or.* M. CAPELLO (Hermenigildo).

DIRECTION GÉNÉRALE DE LA MARINE. Collection de plans hydrographiques, dont quelques-uns levés ou revus depuis 1889, celui de l'embouchure du Tage notamment.

La Portugal figurait en outre dans la Métallurgie pour sa carte géologique publiée par la Direction des services géodésique et topographique. Diverses cartes agricoles et autres étaient exposées dans le pavillon du Portugal.

ROUMANIE.

MÉDAILLE D'OR.

L'Institut géographique militaire qui est inscrit dans la Classe 119 (Armées de terre et de mer), exposait la carte levée par l'État-Major sous la direction de M. le général Bratiano. Les minutes sont au 1/20.000 et la publication au 1/50.000. La triangulation est faite dans 28 départements sur 32. Les cartes sont tirées en couleurs, à l'équidistance de 10 mètres.

Des médailles de bronze ont été attribuées à M. le major Boeresco pour sa carte de la région carpatho-balkanique au 1/2.000.000; à MM. Nadedje, Socec et Zalesky pour leurs atlas et cartes.

A signaler, en outre, dans le pavillon de la Roumanie, la carte géologique du Ministère des domaines et diverses autres cartes non soumises au Jury.

RUSSIE.

L'exposition géographique de la Russie était très considérable; elle a été répartie entre plusieurs classes. Les publications officielles de l'État-Major et du Service hydrographique de la Marine ont été réservées à la Classe 119.

GRAND PRIX.

L'Observatoire central physique de l'Empereur Nicolas Ier a exposé dans la Classe 14 ses publications et, en particulier, ses intéressantes cartes climatologiques donnant les isobares, les isothermes, la pluie, la quantité de neige, les débâcles des rivières, etc.

MÉDAILLES D'OR.

Le Ministère des finances, statistique financière, présentait des tableaux donnant les mouvements de la douane, du commerce et de l'industrie.

La Société de géographie de Finlande a exposé un ensemble remarquable de cartes résumées par un atlas, publié en 1899 à Helsingfors, et comprenant 32 cartes ou graphiques qui donnent tous les renseignements géographiques, statistiques, administratifs et archéologiques qu'on peut désirer sur la Finlande. Un volume du bulletin de la Société, destiné à accompagner l'atlas, contient 32 notices explicatives des cartes et tableaux. On y trouve notamment d'intéressants détails sur l'organisation du pilotage, du service hydrographique et de l'éclairage des côtes finlandaises.

La DIRECTION GÉNÉRALE DES DOUANES DE FINLANDE a présenté des tableaux et graphiques relatifs au commerce extérieur de la Finlande.

SOCIÉTÉ DES TOURISTES DE FINLANDE. Diverses publications en vue de faciliter les voyages et excursions en Finlande ; en particulier, un guide orné de gravures.

A signaler en outre dans le pavillon de la Finlande, les cartes de la Commission géologique et les cartes hydrographiques de la Direction du pilotage et des phares sur la côte Est du golfe de Bothnie qui, ni les unes ni les autres, n'ont été présentées au Jury.

M. KOWERSKI, auteur de la carte de l'Asie russe au 1/840.000, exposée dans le pavillon de la Russie au Trocadéro.

M. ILLYNE, grand éditeur géographe de Saint-Pétersbourg.

COLLABORATEURS. — *Médailles de bronze.* MM. Chune et Nakhotine.

M. le capitaine IVANOF a reçu une MÉDAILLE D'ARGENT pour ses cartes en relief reproduites économiquement par moulages.   .

Comme pour la plupart des pays, la visite du Jury ne lui a donné qu'une idée incomplète de l'importance de l'exposition russe.

Dans les pavillons de l'Asie russe et de la Sibérie, au Trocadéro, on a pu voir des documents géographiques très importants que nous nous bornons à énumérer :

Carte murale de l'Asie centrale au 1/1.680.000, par MM. W. Lamansky et B. Semenof, 1900.

Carte en relief du Caucase au 1/1.680.000, éditée par M. P. Klementiew, d'après les documents de la section topographique militaire du Caucase ; à côté, carte géologique du Caucase ; carte en relief du Turkestan ; carte manuscrite du lac Baïkal au 1/252.000 ; carte en relief de Baraba au 1/21.000 ; carte manuscrite des côtes de la mer d'Okhotsk entre Nicolaiewsk et Okhotsk-Kamtchatka, explorées en 1895-1897 par une expédition spéciale, et dressée par l'ingénieur des mines Ch. Bogdanovitch et le capitaine Leliakine, au 1/840.000, 1900.

Carte géologique de la région du Transsibérien, accompagnée d'une riche collection de documents géographiques et statistiques sur cette région.

Cette collection, qui est exposée au nom du Ministère des voies de communication, fait grand honneur au Comité du Transsibérien.

Dans la Classe 63, la Direction des mines a présenté une collection nombreuse de cartes géologiques.

Le Ministère des voies de communication a exposé dans la Classe 29 un grand nombre de documents topographiques et statistiques relatifs aux chemins de fer, aux fleuves Volga, Dnieper, Vistule, Moskowa et aux principaux ports. A signaler, en particulier, les publications de M. de Timonov sur les ports de la Russie.

Si on ajoute à cette énumération les cartes agricoles et les cartes forestières qui représentaient la Russie dans les Classes 35, 38 et 49, on voit que sa participation était aussi complète que possible.

SERBIE.

Le Ministère de l'agriculture a reçu une médaille d'argent pour une carte au 1/2.000.000.

Une médaille d'argent a été attribuée à une carte des gîtes minéraux de la Serbie, manuscrite, due à MM. D. Antula, géologue des mines, et Siméonovie, ingénieur des mines.

Des médailles de bronze ont été décernées à l'Institut géodésique du royaume de Serbie pour un plan de Dogné-Milanova, au 1/2.000, à M. Adamovitch pour une carte forestière manuscrite au 1/300.000 et à M. Cvijié pour des coupes géologiques.

SUÈDE.

La Suède n'était représentée dans les locaux de la Classe 14 que par ses grands éditeurs géographes, MM. Norstedt et fils, qui ont reçu une médaille d'argent pour leurs cartes.

Les autres productions figurant au catalogue étaient exposées, soit au pavillon de la Suède, soit dans le palais des mines, soit dans celui des forêts.

L'Administration des domaines a reçu une médaille d'argent pour sa carte forestière au 1/500.000, dressée par M. Pauli, à qui a été attribuée, comme collaborateur, une médaille d'argent.

Enfin une médaille de bronze a été attribuée à la carte des environs des Usines de Fagerata.

SUISSE.

L'exposition de la Suisse remplissait une salle de cartes et de reliefs. La Suisse est le pays de prédilection de la topographie; ses habitants attachent, comme de raison, beaucoup d'importance à la représentation de leurs montagnes, de leurs vallées, de leurs lacs, dont ils sont fiers, et qui constituent pour eux, il faut l'ajouter, une source de prospérités.

GRAND PRIX.

Le Bureau topographique fédéral a remis sous nos yeux la célèbre *carte Dufour* au 1/100.000 et les feuilles au 1/25.000 et au 1/50.000 de l'*Atlas topographique de la Suisse* (dit Atlas Siegfried). Il présente comme travail récent une *carte scolaire* au 1/200.000, en quatre feuilles, ayant pour base la carte Dufour avec des courbes de 100 en 100 mètres et des teintes donnant l'impression du relief. Pour l'emploi des teintes, on a adopté, après un concours, le système proposé par M. l'ingénieur Imfeld, dont on retrouve le nom dans la plupart des productions topographiques de la Suisse ; les teintes sont ponctuées. Chaque feuille est soumise à quatorze tirages qui produisent une bonne impression du relief.

Étaient exposés les plans avec courbes de profondeur, des lacs de Genève et des Quatre-Cantons au 1/25.000, du lac de Constance au 1/50.000, un plan du glacier du Rhône indiquant ses déplacements de 1874 à 1899.

M. Xavier IMFELD a exposé les reliefs de l'Oberland berlinois au 1/25.000 et celui du mont Cervin au 1/50.000, avec les mêmes échelles pour les hauteurs. Ce sont des représentations parfaites de la nature.

MÉDAILLES D'OR.

MM. KUMMERLY et FREY sont les lithographes ordinaires du Bureau topographique. Ils ont exposé de belles cartes de détail teintées.

M. HEIM (Albert). Reliefs géologiques des environs du lac d'Uri et du Saintis, donnant sur les tranches les coupes des massifs.

M. SCHLUMPF, de Wintherthur. Cartes et atlas.

MÉDAILLE D'ARGENT.

M. BARBEY a fait dresser par M. Imfeld et graver par M. Leuzinger une *carte au 1/50.000 du massif du mont Blanc* contrôlée par ses propres excursions. Le relief est donné par des teintes.

Des médailles de bronze ont été décernées à M. BOREL pour ses reliefs teintés, à MM. SCHMID et FRANCKE pour leurs cartes d'enseignement et à la DIRECTION DE L'INSTRUCTION PUBLIQUE DE BÂLE-CAMPAGNE pour ses cartes scolaires du canton.

En dehors de la Classe 14, dans le Génie civil, la Suisse était représentée par de belles études pour travaux publics.

ASIE.

JAPON.

Le Japon ne nous a montré dans la Classe 14 que l'exposition de la SOCIÉTÉ GÉOGRAPHIQUE DE TOKIO, à laquelle a été attribuée une MÉDAILLE D'ARGENT et qui comprenait des cartes en trois couleurs avec hachures, savoir : la *Chine septentrionale* au 1/1.000.000 ; la *presqu'île coréenne* au 1/600.000 ; *Formose et les Pescadores* au 1/800.000 ; et, en outre, les rapports et les publications de la Société.

Mais cette petite collection ne donne qu'une bien faible idée de la participation du Japon en ce qui concerne les travaux géographiques. Il faut signaler dans les autres classes un bel ensemble de cartes géologiques, forestières, agronomiques et météorologiques.

SIAM.

Une MÉDAILLE D'OR a été attribuée au GOUVERNEMENT SIAMOIS pour une *carte du royaume de Siam* à l'échelle du 1/760.320, dressée sous la direction du prince Damrong, ministre de l'intérieur, d'après les levés de diverses commissions siamoises pour le territoire siamois, d'après les cartes Pavie pour les possessions françaises, et d'après divers auteurs pour la péninsule malaise. La reproduction a été faite au Bureau géographique des Indes, à Calcutta, et lithographiée depuis par la maison Johnston de Londres.

AMÉRIQUE.

ÉTATS-UNIS.

Les États-Unis n'étaient pas représentés dans les locaux de la Classe 14.

Les cartes marines du Bureau hydrographique figuraient à la Classe 119, ainsi que les cartes magnétiques et les Pilot Charts. Dans le groupe du Génie civil, était exposée une importante collection de documents géographiques, parmi lesquels un grand plan en relief de New-York au 1/7.200, d'autres reliefs du district de Boston et de l'État de Californie ; les études de la Commission du Mississipi sur le cours et le régime de ce fleuve. Cette Commission a exposé une carte de la vallée du Mississipi au 1/316.800, des cartes au 1/63.360, des plans levés trigonométriquement avec sondes au 1/10.000. C'est un beau travail.

Dans le pavillon de la Marine marchande des États-Unis, figuraient les belles cartes météorologiques du Wheater Bureau. Mentionnons enfin dans les sections compétentes des cartes géologiques, des cartes agronomiques.

ÉQUATEUR.

M. WOLF (Theodoro), de Guyaquil, a exposé une carte générale avec teintes de 1892 et un plan de Guayaquil de 1882 qui lui ont valu une MÉDAILLE D'OR.

GUATÉMALA.

Le Gouvernement a exposé des cartes de la République qui paraissent intéressantes. Échelle du 1/600.000 environ.

IMPRIMERIE NATIONALE.

M. Carlos Sapper a exposé des cartes de statistique auxquelles a été attribuée une MÉDAILLE D'OR.

Le Laboratoire central du Guatémala a reçu une MÉDAILLE D'ARGENT pour ses études météorologiques.

MEXIQUE.

Depuis que le Mexique est entré, il y a près d'un quart de siècle, dans l'ère de paix et de réorganisation où il n'a pas cessé de se maintenir, une vive impulsion a été donnée dans le pays aux travaux intellectuels et techniques. Un des premiers soins du gouvernement du général Porfirio Diaz fut d'ordonner l'exécution d'une carte topographique exacte et de faire procéder en même temps à une exploration scientifique du pays. La Commission géographique et exploratrice dont le siège est à Xalapa (État de Vera-Cruz) fut organisée en vue de cette double tâche à laquelle elle n'a point failli. De plus, une section spéciale du Ministère de Fomento est chargée de dresser et publier des cartes générales de la République et des États. Une direction générale de la statistique recueille tous les renseignements économiques, auxquels s'ajoutent les renseignements financiers publiés par le Ministère des finances. Enfin les gouvernements de la plupart des États ont publié les cartes de leurs territoires. Ces multiples efforts, auxquels des particuliers se sont associés, se traduisent par une abondante production de cartes et ouvrages géographiques, de documents de statistique qui ont été mis sous les yeux du Jury.

GRANDS PRIX.

La Commission géographique et exploratrice, qui a déjà figuré avec honneur à l'Exposition de 1889, poursuit l'exécution de la carte de la République mexicaine qui comprend des séries de feuilles au 1/100.000, au 1/250.000, au 1/500.000, au 1/1.000.000 et au 1/2.000.000, avec des feuilles de détail au 1/20.000. Les levés ne reposent pas sur une triangulation d'ensemble dont l'exécution eût présenté d'énormes difficultés dans un pays aussi étendu, relativement peu peuplé, comprenant des régions désertes et des forêts vierges. Dans chaque zone, on a établi un réseau de points déterminés astronomiquement et reliés par des levés de détail ; les hauteurs ont été fournies par des observations hypsométriques simultanées, et les courbes de niveau ont été tracées approximativement. C'est une représentation qui est en rapport avec l'état même du pays et qui sera nécessairement perfectionnée à mesure que le Mexique s'avancera dans la voie du progrès où il marche si résolument. L'exposition de la Commission comprenait des feuilles de construction types et des registres de calculs à types autographiés, donnant une idée complète de l'exécution du travail. Les levés sont faits au 1/20.000. On a exposé comme spécimen un levé en deux feuilles des environs de Xalapa en courbes et hachures. Le tirage des cartes se fait en général dans les ateliers de la Commission.

Directeur : colonel d'état-major Julio Alvarado.

COLLABORATEURS. — *Médailles d'or.* MM. PEÑA (Antonio DE LA); FERRARI (Perez-Fernando). — *Médailles d'argent.* MM. le lieutenant-colonel MORENO GONZALEZ, le colonel ALEMAN (Simon), le capitaine ALVARADO (Manoël), le major NEVEZ (Carlos). — *Médaille de bronze.* M. ALVAREZ (Cristobal).

La SECTION DES CARTES DU MINISTÈRE DE FOMENTO dresse des cartes en utilisant les renseignements de tous les services ; elle a présenté une *carte inédite du Mexique* due à M. Manuel Fernandez et une *carte orographique du district fédéral* au 1/50.000 appuyée sur une triangulation.

Directeur : M. Manuel FERNANDEZ.

COLLABORATEURS. — *Médailles d'argent.* MM. CASTRO (Mauritio), ORTEGA Y ESPINOSA. — *Médailles de bronze.* MM. RAMIREZ (Ignacio), GONZALEZ (Ignacio), QUIJANO. — *Mentions honorables.* MM. LLATA (Gomez), SALAZAR, TANGASSI (Ricardo).

MÉDAILLES D'OR.

La DIRECTION GÉNÉRALE DE LA STATISTIQUE a exposé un ensemble de publications comprenant cinquante-deux volumes qui contiennent des statistiques diverses sur la population, les produits minéraux et agricoles et, en outre, une nomenclature des noms anciens et nouveaux des localités du Mexique avec les emblèmes et hiéroglyphes correspondants.

Directeur : M. Antonio PENAFIEL.

COLLABORATEURS. — *Médailles d'argent.* MM. HERRERA (Guillermo), ASIAIN (Lamberto). — *Médailles de bronze.* MM. GARRAY (Henrique), CASTRO (Alberto). — *Mentions honorables.* MM. GRACIDA (Manuel), ALVARADO (Julio), BARRERA (Angel DE LA).

MINISTÈRE DES FINANCES. STATISTIQUE. Importation, exportation, frappe des monnaies, mouvement maritime, comptes rendus du Trésor fédéral, etc.

COLLABORATEUR. — *Médaille d'argent.* M. IRIGOYEN (Miguel).

MÉDAILLES D'ARGENT.

Le GOUVERNEMENT DE L'ÉTAT DE SAN LUIS POTOSI a présenté un atlas géographique de l'État publié à ses frais, d'après les levés de la Commission géographique et exploratrice.

GOUVERNEMENT DE L'ÉTAT DE JALISCO. Cartes géographiques, géologiques et économiques. Diagrammes descriptifs.

M. ÉCHAGARAY (Salvador). Traité de topographie.

Des médailles de bronze ont été attribuées au Gouvernement de l'État de Guanajuato pour la *statistique générale de l'État,* au Gouvernement de l'État de Sinaloa pour la *carte officielle de l'État,* à M. Fernandez (Agustin), *statistique de l'État de Puebla* et à M. Matute (Jose-Ignacio), *plans des États de Jalisco et de Colima et du territoire de Tepit.*

PÉROU.

La Société géographique de Lima a reçu une médaille d'argent pour une carte manuscrite bien dessinée du Pérou, au 1/500.000, par M. Melito Carvajal, capitaine de vaisseau, d'après la carte de Raimondi.

Une médaille d'argent a été également décernée à M. Carlos Cisneros, secrétaire général de la Société, pour une carte commerciale, politique et administrative du Pérou au 1/400.000 et pour l'ensemble de ses travaux géographiques sur l'Amérique du Sud.

TABLE DES MATIÈRES.

Imprimerie nationale. — 6764-01.

www.ingramcontent.com/pod-product-compliance
Ingram Content Group UK Ltd.
Pitfield, Milton Keynes, MK11 3LW, UK
UKHW021456090726
13657UKWH00003B/1371